Ohne jenen Apfelbiss
säßen wir heute noch
im Paradies

gelangweilt
wie Affen im Käfig
ohne jeden Fortschritt

Helmut Binder

Vom Paradies im Ländle
Die Schöpfungsgeschichte

Wissensdrang und Paradies
Der Sündenfall

Plaudereien über Eva
Die Folgen

Briefe von der Kur
Vom Staunen eines Neulings

Inhaltsverzeichnis

2021 © Dr. Helmut Binder (10neubi@email.com)
Alle Rechte beim Autor
Lektorat: Sonja Abele

Verlag & Druck:
tredition GmbH
Halenreie 40-44
22359 Hamburg

ISBN	Paperback	978-3-347-27004-6
	Hardcover	978-3-347-27005-3
	e-Book	978-3-347-27006-0

Die Eva auf der Titelseite und die Schäfergruppe:
Professor Kurt Grabert,
Bronzeguss: Kunstgießerei Strassacker, Süßen
Bilder im Text: Kupferstiche von Merian

Helmut Binder

Vom Paradies im Ländle

Eine freie Nacherzählung mit neuen Gedanken

P R O L O G U S

Auditores spectatissimi! Honorandi Convivae!
So beginnen hochgelehrt die Worte,
Die der Sailer schrieb an geistlich hohem Orte.
Doch für uns klingt so was eher zäh.

Ihr heutige Leut! Mit meinem Prolog
Führ i euch zrück in Zeite vom Barock,
Wo mr hat schöne Kircha baut,
Ond hat mit viel Bedacht drauf gschaut,

Dass es de Leut au gfallt da drenna;
Se solltet net zom Luther renna.
Dem seiner Kirchazucht ond andre harte Sacha

Hat mr entgega gsetzt viel Leichtigkeit ond Lacha.
Wo mancher heut no forscht ond sucht,
Ob denn die Bibel au Humor erlaubt,
Da hat en Oberschwaba jeder glaubt,
Dass fröhlich glacht doch frömmer sei als gflucht.

A Pfarrer hat die Idee auf d Spitze trieba,
Ond hat sogar a Singspiel gschrieba,
Om zu erklära, was die Bibel
Ons so erzählt von Glück ond Übel.

Wie Maler malet Blut ond Dega,
So hat, mit Gottes ond der Kirche Sega,
Sebastian Sailer uns verklaubt,
Was Gott verbota, was erlaubt,

Hat mit Humor betrachtet die Geschichten,
Von denen die Bibel tut berichten.
Historisch ist er vorgegangen:
Hat mit dem Adam angefangen.

Geschrieben ist's im Oberländer Dialekt,
Wo huis ond huir dr Tuifel es derbleckt.
Will man das hier und heut verstehen
Muss man schon ziemlich daran drehen

Heut wünscht man statt barocker Fülle

Der Zeitbenutzung schlanke Hülle.
Drum hab, vom Sailer angeregt,
Ich auf Schwäbisch dargelegt

Wie man einstmals hat gesehen,
Was in Millionen Jahren ist geschehen.
Viele Geschichten sind vernetzt,
So wie man klar sieht das auch jetzt,

Hab Anachronismen gar net gscheut,
Hab Vieles, was man weiß erst heut,
Schon selbigsmal im Weltenplan verstaut,
Allwissenheit dem Herrgott zugetraut.

Hab auch ergänzt, was heut ist aktuell
Was gilt für uns an Adams und an Evas Stell.
Gar manches stoht scho ewig en dr Bibel,
Wer heut des liest, fendets net übel.

Doch eines stell ich hier auch klarer:
Em Gegasatz zom weiberlosa Pfarrer
Han i des Urteil über d Eva justament
A bißle anders gschrieba als em Alta Testament.

Mehr nach em Neua.

Was in Äonen ist geschehen,
Kann man in einer Woche sehen.
Denn, wie sagte der Psalmist,
Vor IHM ein Tag wie tausend Jahre ist.   *Psalm 90,4*

DIE ERDE WIRD ERSCHAFFEN

Ohne Hammer, ohne Schlegel,
Ohne Bretter, ohne Nägel,
Ohne Schaufel, ohne Kell,
Ohne Lehrbua, ohne Gsell,

Ohne Balka, ohne Mörtel,
Mit ma ganz besondra Vörtel,
Ohne Hobel, ohne Säg,
Hat's dr Herrgott bracht zuweg.

Ohne Schiefer, ohne Stoi,
Hat er älles gmacht alloi,
Ohne Bachstoi, ohne Platta,
Ohne Sparre, ohne Latta,

Ohne Feila, ohne Zanga,
Ohne Rötel, ohne Stanga,
Ohne Richtscheit, ohne Zirkl,
Ohne Laubwerk, ohne Schnirkl,

Ohne Bohrer, ohne Tanna,
Ohne Kessel, ohne Pfanna,

Ohne Stab ond ohne Lineal
Hat er's gmacht grad ideal.   1. Mose 1, 4

Ohne Rechner, ohne Schreibzeug,
Ohne Zoichnong, ohne Reißzeug,
Ohne Mensche, ohne Goister.
Hat er gschafft als Zemmermoister.

Ohne Gewrkschaft, ohne Banka,
Ohne Streit ond ohne Zanka,
Ohne Kostaüberschreitung.
Ohne Gscheitla von dr Zeitung.

Bloß sei Wort „Es soll gescheha"
Ist sei Handwerkszeug da gwea.
Die Bibel hat des schö sortiert
Wie auch die Wissaschaft es ästimiert:

Gott unterschied den Tag von Nacht,
Damit man sieht, was man so macht.   1. Mose 1, 7-8
Dann hat er Wasser separiert
Ist auf dem Land herumspaziert.

Des Obere macht' er zum Himmel,
Mit all dem Sternenlicht-Gewimmel
Das Untere ward dann die Erde
                                               1. Mose 1, 14

Wo Gott gesprochen hat: „Es werde".

Als Nächstes hat er Blumen gmacht,
Sie präsentieren seine Pracht.   1. Mose 1, 11
Darüber wachsen Büsch ond Bäume
So hat erfüllt er alle Räume.

Dann hat er Lichter installiert,   1. Mose 1, 16
Die Sonne kommt, wenn Tag es wird
Geht unter, wenn die Nacht kommt rein,
Dann der Mensch sich fühhlt allein.

Drum hat den Mond er noch gemacht
Mit Vollmond für nur eine Nacht.   1. Mose 1, 20
Sein Licht ist kurz danach gebrochen,
Zur Gliederung in je vier Wochen.

Dr fünfta Tag a ganz besondrer isch
Da hat dr Herr geschaffa d Fisch
Ond Vögel jeder Art glei onterm Himmel
Des war a herrliches Gewimmel.

Am sechsta Tag ging es aufs Land
Da ging em s Schaffa von dr Hand
Mit Würmer, Viecher, Hasa, Reh.
Dui Arbet war besonders schö..

Dann hat dr Herr ganz fröhlich pfiffa,
Hat sich en Bolla Letta griffa,
Hat druckt ond gformt ond zieseliert,
Hat manche Stella glatt geschmiert,

Bis auf seim schöna Arbeitstisch
Vor ihm was ganz Neu's glega isch:
A Gschöpf mit Händ statt Vorderfüeß,
Des drom auf zwoi Füeß laufa müeß.

1. Mose 1, 27

Er hat die Ärm ond Füeß bewegt,
Hat emmer wieder überlegt:
Mit Kopf ganz vorna wie beim Gaul
Käm glei als Ersts a großes Maul.

Drum hat er kurzerhand beschlossa:
Dr Kopf kommt oba nauf bei dem Genossa.
Ganz vorna na kriegt der en Zenka,
Dass frische Luft nei ka zom Denka.

Sein Hohlkopf soll der Kerle selber fülla,
Beschließt er gleich als Gottes Willa.
Wo der Letta trocka gwesa isch
Hat er'n naglegt auf sein Tisch,

Ond hat en sachte dann berührt.
Bis der sein Atem hat gespürt,
Und angefanga hat mit schnaufa,
Er hat sogar probiert zu laufa.

Ond wo na Luft ist komma in den Kopf
War glei de erst Frag von dem Tropf:
Wozu denn bin ich auf der Welt?
Der Herr hat dazu nichts erzählt.

De erst Woch vom Adam war bald om.
Er ist glaufa en dem Garta rom
Hat de Tierla geba Nama,
Ond von de Pflanza gsammelt Sama.

1. Mose 2, 28

No hat dr Herrgott denkt: Alloi
Wird der net besser als a Stoi.
Wenn aus dem Kerle soll was werda
Braucht der so ebbas wie en Gfährta.

Jetzt fang i et
    mit Letta a,
A Vorlag han e
    vor mir dra.

A Ripp von dem wär
    gar net schlecht,
Da wird d' Kopie scho
    werda recht.

A ganz klois bissle
    tu e anders werka,
Zu was, des werdet
    die scho merka.

Onda rom wirds
    glatt ond Minus,
Stattdem gibts oba rom
    a Doppelplus

Ganz sachte auf

        da Boda gstellt,

Hat ers dem Adam

        zugesellt.

Das ist die Deine,

        sagt er zu ihm.

Das ist dr Dei,

        sagt er zu ihr.

                          1. Mose 3, 16

Der Adam fragt:

        Ghört dui jetzt mir?

Die Eva sagt:

        Gern ghör i dir
        Ond ben ganz still,

        Solang du des machst,
        was i will.

Lächelnd hört der Herr sie reden
Und zeigt auf seinen Garten Eden.
„Seht euch dieses Wunder an
Dies zu genießen, macht euch dran.

1. Mose 1, 28

Hier habt ihr da allerschönsta Garta
Wer naus will, muss mein Befehl abwarta.
Jetzt du I no auf was Bsonders lenka.
Damit werd ich euch reich beschenka:

Was ich jetzt ernstlich du verfüga,
Probieret's aus, s'ist a Vergnüga:
Seid lieb mitnander, nemmet euch en d Arm
Da drbei wird's euch ganz warm.

Auf diese Weise dent ihr euch vermehra.
Kender brenget Freud ond Ehra.
Se brenget allerdings au Pflichta,
Doch glaubet mir, I werd's scho richta.

IM GARTEN EDEN
EVA

„Da lieg i em Weinberg, wo's von de Bienla so sommt,
Da lieg i ond schau, ob dr Adam bald kommt
I ben ganz braun scho, grad des fend i schö,
Von Luft kommts ond Sonne, da en dr Höh.

*Hohelied
1, 5*

Meine Ärm send knusprig
Ond meine Brüstla send stramm,
Meine Füeß möchtet laufa, direkt zom Adam.
Die Wengert soll i hüete, hat mr mir gsagt,
Doch beim oigene Weibergle, do han e versagt.

Hohelied 2, 6

Sei Hand isch onter meim Kopf glega,
sei andre Hand war ganz verwega,
Da wird mr schwach,
Da sagt mr ‚Ach'.

Jetzt hör ich sei Stimm,   *Hohelied 2, 8i*
Mit mir wirds ganz schlimm.
Do hopft er übern Berg, springt über Bückela,
Er wenkt mit de Händ, saust über Brückela.

I kanns kaum verwarta,
Bis er isch wieder em Garta."

ADAM

„Dreh de hin, dreh de her, oh Evale,
Dass e de seh', mei Schätzele.
Wie schö ischs, wenn du laufst,
Wie schö klingts, wenn du schnaufst;

S Figürle isch von Meisterhand,   *Hohelied 4, 5*
Mi brengt s schier om da Verstand,

Wenn wie zwoi Goißla deine Herzla hopfet
Ond herzig s'Herzle dronter klopfet."

„Ihr sent ja so glücklich, ihr sent ja so froh,
Ond was ihr so schwätztet,
des klingt grad so,
wie's Hohelied vom Salomo."

„Der Salomo möcht i net sei,
So a Ma mit Heiligaschei;
Wenn i dem sein Posta wett,
Ond no au seine Sorga hett,

Müsst i als König öfters lüega
Politisch andre Leut verbiega,   *1. Mose 3*
Müsst Soldata kommandiera,
Müsst diplomatisch romtaktiera,

Hätt Gschieß mit Diener, Krieger, Weiber,
Mit Nachber ond mit Steuertreiber.
Bei ons isch's anders, bei ons isch's schö:
Bei ons isch älles auf dr Höh.

De schönst Musik sitzt auf am Ast,
Da flötets ond geigets wie em Palast,

Mr könnet essa wie a König,
Von gar nix muaß mr sa, sei wenig.

18

Hent koine Sorga, koine Grenza,
Koi Militär, koi Feuersprenza,
Hent koin Gauner ond koi Polizei
Ond onser Bett isch jeden Abend neu,

Mr braucht koi Hoftor schließa, koine Fensterläda,
Mueß wega Auto et zur Seite treta.
Es isch von ällem wie mrs will
Drum klag i net ond ben ganz still."

Im Garten Eden

So hent se ghet a ruhigs Leba,
Hats rings herum doch alles geba,
Grad wie im Urlaub „Inclusiv"
Se waret gar net recht aktiv.

Ringsom die Tierla waret friedlich,
De oine groß, de andre niedlich,
Nie ist was Neues da gescheha.
Bis d Eva hat was Seltsams gseha:

A Gstalt, ganz ohne Füeß ond Flügel
Ist ronterkomma von ma Hügel,
Auf dem ist gstanda no a Baum,   *1. Mose 3, 6*
Genau am Rand vom gschützta Raum.

„Hör Eva", sagt se, „Ganz oba auf dem Gipfel,
Kannst seha, dass neba onsrem schöna Zipfel
Tut no viel anders existiera.
I glaub, au di dät so was ästimiera."

Des findet d Eva intressant,
Se rennt zom Adam ganz pressant,
Ond nemmt en mit zo sellam Baum,
Ond starrt gebannt weit en da Raum.

Wer en en Apfel von dem Baum tät beißa,
Der könn ganz leicht nach draußa reisa,
Die Eva hörts, ond tut en große Biss.
Der Adam au. Mit Krach gibt es en Riss.   *1. Mose 3, 7*

Der Zaun, der bisher Schutz gegeben,
Fällt. Aus ist es mit dem schönen Leben.
Ein neu Gefühl sich schnell verbreitet,
Die Augen sind vor Schreck geweitet

Mit Angst und Sicht auf die Gefahr,
Die plötzlich Adam nimmt gewahr:
„O Jeggerle, was isch jetzt glaufa kromm?
Sag, Evale, was stohst denn nacket rom?

1. Mose 3, 9 - 11

Om Hemmls Willa, duck de na,
Mir send doch et beim FKK.
Mach nore, zieh dr ebbas a!
Falls vorbei käm jetzt a fremder Ma.

Zieh d'Haar nach vorna, deck dr d' Brüstla zua,
Da drvor geb i koi Ruha.
Nemm a Blättle auf die untra Stell,
O Weib, jetzt mach ganz schnell"

„No stad jetzt, schempf du net so rom.
Stohsch selber da, nemm mrs net kromm,

als Nacketer mit Bauch ond ohne Hos,
Bei dir ghört z'erst a Blättle drauf, gang los!"

„Adam"! Energisch klingt der Ruf des Herrn,
„Dass ihr versteckt seid, sehe ich nicht gern."
„Des ist doch bloß, weil mir ganz nackig send"
„Dass du no lügst, fehlt grad am End.   *1. Mose 2, 25*

Bloß weil ihr dend do nackig romflaniera,
Soll ausgerechnet i mi drom geniera?
Ond au koim Menscha tät des weh,
Denn i han euch doch gschaffa schö."

„Mir gebets zu, ons wars net gnug,
Was du ons geba hast em erste Zug.
Wie's draußa ist, des hat ons intressiert
Ond die Schlang hat damit intrigiert".

„Jetzt ist der Streit drin in der Welt
Das Leben ist euch jetzt vergällt.
Mit dem, was ihr jetzt habt gewonnen,   *1. Mose 3, 15*
Ist die Harmonie mit mir zerronnen.

                                        1. Mose 3, 17 -19

Ich hab euch beide doch gewarnt
Vorm bösen Geist, der euch umgarnt.
Ihr habt gewählt den Weg vom Wissen
Der Durst danach wird euch nie missen.

22

Jetzt seid ihr keine Kinder mehr.
Die ohne Sorg und Arbeit können leben,
Die ruhig schlafen,
Weil beschirmt vor jeglicher Gefahr.

Ich will euch hier nicht länger dulden
Im Paradies, das ohne Schulden.
Geht fortan eure eignen Wege,
Die steinig sind und ohne Stege.

1. Mose 3, 17

Versorget euch auch selber künftig
Von jetzt ab mögt ihrs finden zünftig,
Zu suchen mühsam eure Zehrung,
Zu schwitzen wegen der Ernährung.

Jetzt müsst ihr dulden Angst und Pein,
Ihr werdet fürchten euch allein.
Der Freude, die ich wollte euch gewähren,
Wird Schmerz nachfolgen beim Gebären. *1. Mose 3, 16*

Bei jedem Schritt droht Untergang,
Aus Dummheit und aus Überschwang.
Zur Warnung rüttle ich euch wach
Mit einem fürchterlicha Krach: *1. Mose 3, 22 - 24*

Haut ab aus meinem Paradies!

„Bloß du bist schuld, dass mir send draußa,
Wo fürchterlich dr Wend tuet brausa,
Du hast als Erste von dem Apfel bissa!"
„I han s doch gar net könna wissa,

Dass grad der Baum verbota gelt.
I war no gar net auf dr Welt.
Wo der Herr dir den hat zeigt."
„Ganz egal, mir hent's vergeigt."

1. Mose 3. 17-19

Die Entwicklung der Menschheit

Homo sapiens

Nachdem der Lockdown war gebrochen,   *1. Mose 1,28*
Hat der Herr erneut gesprochen:
„Ich habe Wissbegierde euch gegeben
Um zu erweitern euer Leben.

Weil dieser Wissensdurst ist schuld,   *1. Mose 3, 22-24*
Entzieh ich euch nicht ganz die Huld.
Weil ihr geschaffen wie ihr seid
Helf ich euch auch in eurem Leid.

Ihr werdet euch noch oftmals irren,   *1. Mose 8, 21*
Dann werd ich helfen beim Entwirren.
Mein Regenbogen auf der Erde   *1. Mose 9, 13 - 17*
Zeigt, dass ich euch weiter helfen werde."

Weil ich euch mag, sag ich noch was,
Denka ond forscha macht viel Spass.   *1. Mose 3, 23*

Zu dem Befehl merk ich noch an:
Macht euch die Erde untertan!

Dringet in ihre Geheimnisse ei,
Doch machet nix kaputt drbei
Ich tu so vieles drin verstecka,
Dass ihr auf ewig könnt entdecka.   1.Mose 2,15
Forschet ond tüftlet ond dent probiera,
Doch lasset euch nie zu der Idee verführa,
Dass ihr könntet den Ursprung vom Leba ergründa,
Zo dem Thema du I euch verkünda:

En Eure Köpf isch net gnueg Platz,
Dass ihr alloi au bloß oin Satz   1. Mose 1,28
Vom Buch des Lebens könntet anders schreiba.
I rat euch gut, lasst so en Blödsinn bleiba.

Denn au euer bestes Mikroskop
Ist für meine Baustoi noch zu grob,
De gscheitste Bücher send da bloß Luscha,
Ihr könntet höchstens was verpfuscha.

Wer Hilfe nimmt von böse Goister
Wird net von dene na dr Moister;
Selle hent ganz anderes em Sinn:
Die wollet herrscha über ihn.

Bildet euch au niemals ei,
Es gäb den Stein der Weisen,
Ond oiner könnt den sacka ei,
Ond sich als neuer Herrgott preisen.

Des wär a Schritt zu eurem Untergang,
Aus Daubadiech ond Überschwang.

DER NEUANFANG
Als vorbei das Leben ohne Pflichten
Begann der Mensch, sich einzurichten   *1. Mose 1,28*
Auf Arbeit, und mit Blick auf Morgen,
Durch Säen, Ernten, vorzusorgen.

Es scheint, em Letta dren war Kraft,
Der Adam hat na fleißig gschafft.
Natürlich d Eva au,
Ha, des war a patenta Frau.

Se hent oft große Sorga ghet,
Doch jede Nacht hat au ihrn Morga ghet,
Mit Sonnaschei, mit Sturm ond Rega,
Trotz allem au mit Gottes Sega.

Von ihre erste boide Kender
War oiner glei a großer Sender,
Der hat sein Bruder überzwerch

Ombracht wega Räucherwerk.

Doch hat au des die Eva überstanda,
Ond hats sogar recht guet verstanda,
Ihrn Adam monter zu erhalta,
Den Alta.

Des mit Erfolg:
Mit hundertdreißig
isch se vom a Kend genesa,
So ka mrs en dr Bibel lesa.

Sie selber hat sich prima ghalta.
A Bild von ihr möcht jeder bhalta.
Ihr Name steht bei großer Kunst,
Von klassisch bis modern in Gunst,

Als Aktmodell stets hoch geschätzt.
Wer von ihr schwätzt,
der denkt ganz gwieß
An ebbes Schöns im Paradies.

Doch wenn oiner emma sotta Bild
„Da alta Adam" tut zitiera,
No moint er, freundlich gsagt ond mild,
Was, will i lieber net ausführa.

Plaudereien über Eva, die Homa sapiensa

Da saßen sie also, die Leute mit den interessanten Gedanken, die aus knöchernen Sagen lebhafte Geschichtchen gemacht hatten – oft nachdenkliche, doch meist gleichzeitg recht lustige. Damals bei meinen Wanderungen auf der Schwäbischen Alb.

„Ohne den Sündenfall und die Vertreibung aus dem Paradies wären wir heute noch wie Pauschalurlauber oder Zootiere – mit Vollversorgung und ohne jede eigene Initiative", sinnierte Gangolfus. „Hier also wurde der Homo sapiens erschaffen".

„Oder die Homa sapiensa" , meinte die Dame mit den Silberhaaren, Frau Fäustle aus Esslingen.

„Bei Adam und Eva fängt sogar die gute Küche an. Genauer. Michael hat sie ins Rollen gebracht."

„Wie das," lachte die Pfarrerin, „meinen Sie gar den Erzengel und Schutzheiligen der Deutschen?"

"Genau den. Sie kennen ja alle die Geschichte vom Paradies. Wer die nicht original in der Sonntagsschule gehört hat, hat als guter Schwabe vielleicht ein Schauspiel darüber gesehen oder gelesen, von einem gewissen Sebastian Sailer. Den hat man auch schon den „Schwäbischen Cicero" genannt. Damals, mitten im achtzehnten Jahrhundert, zur Zeit von

Voltaire und Händel, war er katholischer Pfarrer im Oberland. In Wien wurde er sogar von der Kaiserin persönlich eingeladen, weil ihr seine Predigt im Stephansdom so gut gefallen hat.

Gegen die Strenge der Lutherischen setzte der mit seiner Kirche aufs Lachen und hat ein Theaterstück verfasst: » Die Schwäbische Schöpfung « . Die endet bei ihm mit der Vertreibung aus dem Paradies, das er von der Landwehr und einem Erzengel gegen unbefugtes Betreten schützen lässt.

Aber auch für diesen klugen Mann passte der Sündenfall halt gar zu schön zum Lästern über die Frauen, weil die ja immer schuld sein sollen an allen Übeln dieser Welt. Doch mit diesen Auslegungen von dem Weiberfeind aus Schussenried bin ich gar nicht einig. Ich habe in der Bibel nachgelesen. Da steht es ganz anders drin"

„Recht haben Sie!", mischte sich da die Energische von der Alb ein, „Dem sein Stück kenne ich. Kaum zur Pfarrköchin hätt' es der Eva reichen sollen, heißt es dort. Eine Frechheit!"

„Genau. Gott hat zuerst ein Tonmodel gemacht zum Ausprobieren, den Mann. Er war quasi ein Vorläufer, aus dem wir Frauen erst was machen müssen."

„Hoppla", klang es dazwischen.

„Was heißt hier hoppla, Herr Oberförster. Da waren wirklich ein paar Fehler dran. Die sind noch heute da. Ich seh' das an meinem eigenen Mann - trotz der Erziehungsarbeit von Jahrzehnten. Lesen Sie selber nach in der Bibel. Egal ob bei Luther oder in der hochwissenschaftlichen neuen Übersetzung. Dort finden Sie, dass nach der Erschaffung vom Adam der Herr dachte, es sei nicht gut, den Kerl allein im Paradies rumlaufen zu lassen. Der brauchte unbedingt jemand, der auf ihn aufpasst. Darum erschuf Gott ihm eine Gefährtin, die Frau.

Und er hat sie sehr schön geschaffen. Eines Tages stand sie vor dem verblüfften Adam. Splitternackt war sie, und sie schämte sich überhaupt nicht, wie in der Bibel extra hervorgehoben wird. So schön war sie. Adam war hell begeistert. In der Bibel ist dazu notiert: »Und sie werden sein ein Fleisch. «

»Gerade erst hast du das Weib aus meinem Fleisch herausgeschnitten. Wozu also diese Wiedervereinigung?«, fragte der Adam verwundert seinen Schöpfer.

Da hat ihm der seinen Befehl »mehret euch« erklärt, und auch die Sache mit den Bienen - und so. Vor allem das » Und so « hat dem Adam sehr gefallen."

„Der Eva vielleicht nicht?", fragte der Strahlemann dazwischen. Doch darauf ging die Erzählerin nicht ein, sondern fuhr fort:

„Immerhin, meine Herren ist damit klar, wer warum die Krone der Schöpfung ist."

„Bravo!", tönte es wieder in der kräftigen Stimme der Ladnerin, und auch die anderen Damen lächelten zustimmend.

„Ein bisschen muss ich da aber doch an der göttlichen Gerechtigkeit zweifeln.", meinte die Zahnärztin. „Denn ausgerechnet diese Krone der Schöpfung wurde angeblich bald danach ihrem halbfertigen Vorläufer unterstellt mit den Worten »er soll dein Herr sein«. Jedenfalls hat das dem Moses sein Ghostwriter so geschrieben im dritten Kapitel, Vers 15."

„In einem Halbsatz von sechs Worten nach dem Komma, notabene", ergänzte der gelehrte Gangolfus.

„Na ja, so ganz ohne sind wir ja auch nicht gerade!", reklamierte jetzt der Förster, und reckte sich zu stattlicher Größe auf.

„Anwesende ausgenommen", schob seine Nachbarin mit süffisanten Lächeln nach.

„Und wie war das dann mit dem Apfel?", fragte der Reitersmann?

DIE APFELGESCHICHTE

„Darauf wollte ich gerade kommen. Unstreitig ist: Die Verhaltensmaßregeln für diese Frucht der Erkenntnis hat nur der Adam bekommen. Können Sie mir das bestätigen, Frau Pfarrer?"

„Da haben Sie recht, denn in 1. Mose 2,16-17 ist das Verbot ausgesprochen, und erst hinterher wurde die Frau erschaffen, 1. Mose 2,18-25", bestätigte diese.

„Danke. Und nirgends steht, dass er der Eva auch nur ein Wort davon gesagt hätte, bevor diese von der Schlange hereingelegt worden ist. Bis dahin hat sie ja gar nicht wissen können, dass man eine bestimmte Frucht nicht essen darf. Sie hatte davon nur vielleicht, und wenn, dann ganz beiläufig gehört, sozusagen aus zweiter Hand etwas Unbestimmtes erfahren, so dass es der Schlange ein Leichtes war, sie zu überreden. Aber der Adam hat wider fundiertes besseres Wissen genascht.

Die Eva ist ganz unschuldig an dem Sündenfall. Schuldig ist allein der Adam, meine Herrn! Nur seinetwegen waren eines schönen Tages alle beide draußen.

Damals warf der Herr den beiden Kleider über, wobei es dem Adam gelang, noch ganz schnell einen Blick auf sein unverhülltes Weib zu werfen, bevor ihre Schönheit seinen Augen entzogen ward. Diese Verkleidung empfand er als besonders harte Strafe. Ja, hätte er sich ein offenes Wort getraut, hätte er gar von Schikane gesprochen. Denn außer ihm und seiner Eva gab es doch nach seinem Wissen keinen Menschen auf der Erde, vor dem er oder sie sich hätten schämen sollen. Und Eheleute dürfen gucken.

Doch seine praktisch veranlagte Eva hing nicht solchen Gedanken nach. Sie machte das Beste daraus: Sie erfand die Mode. Damit sicherte sie sich als einziges weibliches Wesen in der ganzen Schöpfung den Vorzug, schöner zu sein als das männliche der gleichen Art! Ein bisschen hat das den Adam getröstet, denn es ist eine besondere Sache um den Vorzug, Schönes zu sehen.

So weit also die Vorgeschichte. Nun zu der Sache mit den Paradiesäpfeln:

Da standen die beiden also und mussten sehen, wie sie zurecht kamen.

VOR DEM TOR VOM PARADIES

Gott beobachtete seine Lieblingsgeschöpfe sehr aufmerksam. Er sah, wie sie mühsam den Boden hackten, um klitzekleine Getreidekörner hinein zu pflanzen. Das hat er ihnen hoch angerechnet. Er sah aber auch, wie sie sehnsüchtig und ohnmächtig zugleich nach oben schielten, wenn sie einen von den Apfelbäumen fanden, die er zwar auch draußen hatte wachsen lassen, aber mit ganz besonders hohen Stämmen. Sie haben sich gar nicht getraut, hochzuspringen, um eine Frucht davon zu ergattern. Vor lauter Verwirrung wussten sie nämlich nicht mehr, was jetzt eigentlich verboten war und was erlaubt, so war ihnen der Schreck in die Glieder gefahren, oder, wie die Frau Pfarrerin wohl sagen würde, so sehr standen sie in der Furcht des Herrn. Die Eva hat nicht ein einziges Mal von den heruntergefallenen Äpfeln einen gegessen.

Eines Tages, es war ein sonniger Herbsttag, wie ihn sich jeder Schwabe nur wünschen kann, wenn er in seinem Gütle sitzt und übers Remstal schaut, da brachte sie doch eine Schürze voll Fallobst mit nach Hause. Lauter reife Äpfel. Einer schöner als der andere, leuchtend rot und herrlich duftend. Die könne man doch nicht verkommen lassen, meinte sie. Der Adam aber erschrak. Sollte sich die Sache vom Garten Eden wiederholen, jetzt, wo er es endlich geschafft hatte, wo gerade erst das Dach aufs Häusle gekommen war, und wo sogar ein Kind unterwegs war? Bei aller schwäbischen Sparsamkeit - das Risiko war ihm zu groß. Und er bekam eine Wut, weil er dachte, dass er noch einmal verführt werden solle.

Er nahm seine Hacke, schlug die Äpfel kurz und klein und warf das Zeug in einen Zuber.

Eva stand weinend dabei. Ein Bild, das Adam sein Leben lang nicht vergessen konnte.

Und noch einer hat das gesehen: Der Erzengel an der Pforte zum Paradies.

Adams Most

Nach ein paar Wochen fand Adam in dem Zuber mit den zerhackten Äpfeln unter weißem Schaum einen goldfarbenen Saft. Darüber hat er gestaunt wie der erste Mensch. Und neugierig, wie er war, hat er davon getrunken, als er sich im Garten vom Umgraben ausruhte. Das musste so sein und darf ihm nicht verübelt werden, denn ohne Neugier gäbe es ja keinen Fortschritt in der Welt. Und andererseits macht die Arbeit im Garten Durst. Da schmeckt so eine flüssige Nahrung geradezu herrlich. Doch vorsichtig, wie er geworden war, brachte unser Stammvater einen Becher voll davon zum Posten am Paradieseingang und fragte, ob gefallenen Menschen der Verzehr des Safts gefallener Äpfel erlaubt sei. Der Erzengel kostete von dem räsen Most, dachte an den himmlischen Nektar, den er nach seiner Ablösung wieder bekommen werde, und sagte herablassend: » Nichts dagegen, wohl bekomms. « "

„Bah, Nektar, das ist das billige Zeugs mit Wasserzusatz, das sie im Supermarkt verkaufen!", unterbrach die Ladnerin empört, „Das trinkt doch keiner, und ein Erzengel schon gar nicht!"

„Im Grunde genommen haben Sie recht. Die Supermärkte haben den Namen gestohlen. Nektar ist nämlich das Konzentrat, das die Bienen aus den Blüten saugen. Und die Götter der alten Griechen haben damit ihren Durst gelöscht."

„Ich merke schon, hier soll man schon wieder angeschwindelt werden. Der Erzengel Michael stand bestimmt nicht als Portier vor den Griechen ihrem Himmel, dem Elysium oder wie der heißt. Also hat er auch keinen Nektar getrunken."

„Da haben Sie schon wieder recht. Aber in Sagen und in Märchen geht man mit solchen Dingen großzügig um."

„Ha, wie in der Politik!", rief belustigt der Strahlemann über den Tisch.

„Aber nicht in meiner Partei!", warf schnell unser Reiter ein.

„Bitte, meine Damen und Herrn!" sagte ich, „Unserer charmanten Erzählerin haben wir doch versprochen, sie nicht zu unterbrechen. Einverstanden?"

Die einen riefen „bravo" oder „einverstanden", die andern klopften zustimmend auf den Tisch, woran man merkte, dass sie Studierte waren.

„Also, wo war ich stehen geblieben?", fragte die Erzählerin.

„Beim Michel seinem Most!", sagte jemand.

„Vielleicht eher bei seinem guten Wein", sagte der Wirt. „Denn das Paradies lag bestimmt bei uns, im Remstal oder auch am Neckar. "

„Beim Erzengel Michael, dem Schutzpatron der Deutschen - notabene. Also, dem Engel hat der Most nicht geschmeckt. Für den Adam aber war das mal was anderes. Und weil es nicht verboten war, den zu trinken, hat er fortan der Eva geholfen, abgefallene Äpfel aufzulesen. Daraus machte er so viel Most, dass er bald einen schwunghaften Handel damit anfangen konnte."

„Jetzt wird es aber doch zu dick. Handel - mit wem denn, wo er doch der erste Mensch war?" Diesmal hatte der Wirt den Zwischenruf nicht verheben können.

„Wollen Sie nicht diesem Heiden mal erzählen, was da in der Bibel steht?", warf jemand ein.

„Richtig! Dort wird zum Beispiel berichtet, der Herr habe ein Zeichen an den Kain gemacht, >dass niemand ihn erschlüge<. Es gab also mehr Menschen als die drei aus dem Paradies. Außerdem fand der Kain östlich vom Paradies ein Weib, mit dem er Kinder zeugte. Das war im Lande Nud, jenseits von Eden gegen Osten. Deren Kindeskinder wurden Viehzüchter, Zither- und Flötenspieler, andere Erz- und Eisenschmiede", sagte die Frau Pfarrer.

„1. Mose 4,1 Vers 14 bis 25", ergänzte Gangolfus, „Und Kain erbaute eine Stadt, die er Henoch nannte und so weiter. Kann man alles nachlesen.
Und dann geht es weiter im Fünften Buch Mose: „und Adam zeugte mit 130 Jahren seinen Sohn Seth."
Da er insgesamt 930 Jahre alt wurde, hatte er genügend Zeit für Most und Handel. Auch dieser Seth zeugte Kinder mit Weibern, die nicht von Adam und Eva abstammten."

„Wenn es außer Adam, Eva und deren Kindern schon zu deren Zeiten noch andere Menschen gab, stammen wir vielleicht gar nicht von Adam und Eva ab?"
„Lesen Sie selber nach. In der Genesis steht alles ganz genau. Warum, bitte schön, soll mein Adam nicht an diese Zeitgenossen seinen Most verkauft haben?

Doch zurück zu den Äpfeln. Nach der heftigen Reaktion ihres Mannes hat sich diese Frau ihr Leben lang nie mehr getraut, selbst in einen Apfel zu beißen. Immer stand ihr die Szene mit der Schlange vor den Augen, oder die mit dem hackenden Adam. Und immer wurde sie traurig beim Auflesen von Äpfeln.

Das Bild der weinenden Eva ging auch dem Erzengel Michael nicht mehr aus dem Kopf. Keiner hat die schöne Frau so bedauert wie er.

Eines Tages, bei einer himmlischen Konferenz, fasste er sich ein Herz und brachte das Thema zur Sprache. Der Herr lächelte und fragte, ob sein Erzengel wohl die Trägerin des bewussten Feigenblattes besonders häufig und wohlgefällig betrachte.
‹Oh Herr!›, erwiderte dieser in der würdigen Sprache des alten Testaments:
Soll nicht das Auge deines treu'sten Dieners,
Belehrt vom Anblick deiner großen Werke,
Durch die von dir gegebene Natur
Fern vom Verdacht des ungeziemen Denkens,

Bewundern dieses allerbeste Werk,
Mit dem gekrönt du deine Schöpfung?
Soll er nicht schätzen deines Werkes Schönheit,

Sein Geist nicht loben deiner Schöpfung Weisheit?

Soll ungelobt sein dieses Wunder,
Bis einst ein Herrscher Zeit gefunden
Zu schreiben für die Heil'ge Schrift
Das Buch vom Hohen Lied der Liebe?

Soll darauf warten alle Welt
Bis dieser König wird geboren sein?
Soll Salomon der Erste sein,
Der froh besingt die Schönheit einer Frau.

Soll ihm als Einzigem die Freude werden,
Zu singen über dieses Kunstwerk deiner Hände?
Oh, Herr, gestatte mir die Gnade,
Zu bitten für das Weib,

Das lieblichste von deinen Werken,
Das hat gesündigt weil es unerfahren,
Das hat gesündigt und bereut,
Das hat gesündigt und noch büßt.

Gib diesem Wesen einen Trost,
Gemahnend an verlor'ne Freuden,
Doch labend auch,
Und weckend Hoffnung auf Vergebung."

Diese Rede rührte den Herrn. Und bald darauf befahl er einem unscheinbaren Strauch, seine nächtlich schwarzen Beeren so groß wachsen zu lassen wie die Äpfel des Paradieses. Und diese Beeren beschenkte er mit einer bisher nicht bekannten würzigen Süße. Und dazu gab er ihnen eine rote Farbe, wie sie nur die allerbesten Äpfel haben. Den neuen Strauch pflanzte er an den Rand eines Weinberges im Remstal, das wie wir alle wissen, zum Musterland der Erde gehört und heute noch ans Paradies erinnert.

Und wie dort eines schönen Abends die Eva mit ihrem Adam noch ein paar Schritte ums Haus ging, um nach dem Wingert zu sehen, blieb der Adam plötzlich stehen und rief seine Eva zu sich. Und dabei fing er an zu dichten, wie alle Schwaben in besonderer Lage:
>I han was gfonda, komm schnell, Weible!
Koi Apfel ist's, ond au koi Träuble,
Willst es versuche, beiß schnell nei,
Des wird ja et verbota sei.<

Frauen sind mutiger als Männer. Eva biss beherzt in die neue Frucht und strahlte.
>Adämle!<, sagte sie, >Die ist so gut. Fast könnte man glauben das sei ein Apfel, direkt vom Paradies.<

Und da erinnerte sich der Adam, dass ihn einst der Herr geheißen, ein jedes Lebewesen zu benennen. Dieses Recht übertrug er auf seine geliebte Frau. Und die nannte die neue Frucht: Paradiesapfel.

Später dann, als die große Sintflut alles weggeschwemmt hat, gingen auch diese Äpfel aus dem Paradies verloren. Und es hat viele tausend Jahre gedauert, bis sie von einem fernen Land wieder zu uns gekommen sind.

Erst im sechzehnten Jahrhundert kamen sie nach Europa. Da trugen sie den Namen, den ihnen die Leute dort gegeben hatten, dort überm großen Wasser, in Südamerika. Weil auch bei den Indianern sonst nur kleine Beeren wachsen, hatten sie die Prachtstücke ,Geschwollene' genannt: ,tomatl'. In ganz Europa kamen sie unter diesem Namen in Mode, als Tomaten. Allerdings nur in den Gärten reicher Leute.

Grafen, Bischöfe und Hofräte zeigten sie begeistert ihren Besuchern, denn Exotik war in. Dass diese Früchte als giftig galten, erhöhte ihren Reiz.

Evas Kochkunst

Erst vor hundert Jahren kam wieder einmal eine neugierige Eva auf die mutige Idee, in so ein Äpfelchen hineinzubeißen. Zur größten Verwunderung ihres

Mannes und - ich hoffe, auch zu seiner Freude - überlebte sie das Abenteuer. Paradiesisch schmecke das, sagte sie. Und gleich war alle Welt begeistert von Evas festen Äpfelchen.

„Das ist sie heute noch," bemerkte der Förster. Die Männer lächelten.

Frau Fäustle aber ging darüber weg und erzählte weiter:

„Jetzt gab es kein Halten mehr: Wenig später hatte

Hermine Kiehnle, die schwäbische Urmutter schreibender Köchinnen, nicht weniger als zweiundzwanzig Rezepte mit dieser Frucht in ihrem dicken Kochbuch. Die moderne Eva aber war so begeistert, dass auch sie von einem Paradiesapfel sprach, genau wie ihre Vorgängerin aus dem Paradies.

In Österreich hat die herrliche Frucht diesen Namen bis heute behalten. Ganz österreichisch klingt das auch als >Paradeiser<. Und manch einer erinnert sich sogar des schönen Namens, den heimlich der Adam dieser Köstlichkeit gegeben hatte: Liebesapfel. Und man meint dabei, er sei geeignet, die ganz besonderen Gefühle der Liebe zu erwecken."

„Stimmt das wirklich?", fragte der Schäfer.

„Kaufen Sie sich halt ein paar Pfund", meinte lakonisch der Wirt.

„Übrigens: In den Weinbergen vom Remstal findet man heute noch oft ein kleines Eckchen, auf dem Tomaten wachsen. Man ehrt dort diese Köstlichkeit.

Zum Schluss, meine liebe Freundin von der Alb: Sind Sie jetzt zufrieden, und können Sie unserem Autor verzeihen?"

„Von mir aus" - und damit wandte sie sich an mich: „Ich möchte bloß gern wissen, woher Sie und die Anderen ihre Geschichten haben."

„Ach wissen Sie, man hört viel von Dingen, die heute genau so passieren, wie vor ein paar hundert Jahren. Man liest viel, man lernt viele Leute kennen und man hat die Augen auf."

„Und sieht viel, was anderen veborgen ist."

Mit diesen Worten meldete sich plötzlich der Diplomat, der besonders aufmerksam zugehört hatte.

„Ist Ihnen aufgefallen, dass in der gereimten Nacherzählung, die wir vorhin gehört haben, Elemente enthalten sind, die zur Geschichte der Siintflut gehören? Dort wird Gott als lernfähig dargestellt, im Umkehrschluss demnach als fehlbar. Denn seine Geschöpfe sind mit Fehlern behaftet. Also Gott hat einen Fehler gemacht, sagt der Schreiber dieser Geschichte. Warum sollte Gott die Menschen mit bösem Herzen geschaffen haben?

Ich bin kein Theologe und überlasse die Exegese gerne der Frau vom Fach."

„Womit Sie mich gemeint haben," sagte die Frau Pfarrer, „aber Sie meinen wohl 1. Mose 8, 21 - »denn das Dichten des menschlichen Herzens ist böse von Jugend auf. Und ich will hinfort nicht mehr schlagen alles, was da lebt«, ...Da zweifle auch ich. Ein Andermal sprechen wir darüber. Vor allem darüber, dass die Bibel von Menschen geschrieben wurde und darüber, dass Menschen, als Wesen, denen wir aus eigener Erfahrung Fehlbarkeit zuschreiben, einst in einem Konzil zu Nicäa aus bestehenden Texten bestimmte Formulierungen ausgewählt haben.

Für heute ist wichtig , was in Vers 22 steht:

»Solange die Erde steht, soll nicht aufhören Saat und Ernte, Frost und Hitze, Sommer und Winter, Tag und Nacht«. Das wird nicht bezweifelt."

Helmut Binder

O KENDER

Vier Briefe von der Kur

Waren Sie schon einmal zur Kur, als Gast der in Jahrzehnten teuer bezahlten Sozialversicherung? So richtig inmitten von Leuten, die eine Kur dringend nötig hatten und solchen, die partout den „ihnen alle zwei Jahre zustehenden" Zusatzurlaub nehmen wollen. Bei uns haben kurz nacheinander schwere Erkrankungen zugeschlagen, Eine Krebsoperation bei mir, ein Schlaganfall mit Lähmungen bei meiner Usch.

Für mich war das ein Erlebnis und ich habe meinen Kindern regelmäßig darüber berichtet. Da hatte ich Zeit, mich in ungewohnter Schreibweise zu versuchen.

Vorab ein paar Bemerkungen zu Schreibweise und Aussprache des Schwäbischen:

Die Palette der Ausspracheformen ist reich und umfasst Idiome, die an schweizerisch-alemannisch erinnern, an allgäuerisch-bayerisch bis fränkisch und pfälzisch. Manches klingt bei den Wengertern vom Remstal anders als bei den Bauern der Alb, bei den Reutlingern anders als bei den Stuttgartern. Vom Honoratioren-schwäbisch unseren Residenzler wollen wir in vornehmer Zurückhaltung gar nicht reden. - Dia Stuagater kennet nex drfür.

Während meiner Schulzeit in den dreißiger Jahren war allein an der Sprache ein Uhinger noch leicht von einem Eislinger zu unterscheiden. Auch ob einer katholisch oder evangelisch war, hörte man leicht heraus. Diese Vielfalt gibt es nicht mehr.

Die Schreibweise des Schwäbischen ist daher nicht einheitlich - wie ja auch das Verhältnis Schrift und Aussprache im „Hochdeutschen" nicht einheitlich sein kann - sie ist eher eine Frage der Grammatik.
A Spätzle ist ein Vogel, ein Einzelwesen, genau wie a Schätzle. Spätzla sind zum Essen da, und Schätzla net bloß zum Angucken. Spatza können eine Landplage sein, wenn sie im Kornfeld sitzen, sind aber, mit Linsen oder Kartoffelschnitz, ein Hochgenuss.

Und so steht im Zweifel die Endsilbe „a" für Mehrzahl, „e" für Einzahl, unabhängig von der Aussprache in Stuppach oder in Augsburg. Die Endsilbe „a" in Zeitwörtern entspricht dem „en" der Hochsprache. Das Hilfszeitwort „hat" spricht man im Norden mit offenem „a", auf der Alb eher wie „o". „A" heißt als unbestimmter Artikel „ein", „ich" heißt auf schwäbisch je nach Bedeutung und Stellung im Satz „i" oder „e". „St" sprechen heutzutage auch bekannte Politiker vor Mikrofon und Kamera ungeniert als „Scht", also weiß es jeder. Ich habe es darum nur ganz selten mit vier Buchstaben geschrieben.

Zur Einübung liest man sich am besten eine Seite zweimal laut vor, in seinem gewohnten Schwäbisch. Danach klappt es mit dem Rest ganz von allein.

Also dann - viel Vergnügen!

Urach, im Januar/Februar 1993

ERSTER BRIEF VON DR KUR

Oh Kender!

Fast vierzig Jahr lang hend mr en woiß Gott wieviel Hotel gschlafa, en nette gemütliche Gasthöf en irgend ema Dörfle, wenn mr über d Alb bummelt send. Wenn mr mit euch Vier en d Feria gfahra send, en schöne sonnige an dr Adria, mit Marmor- oder Kachelböda, wo d Chefin en dr Küche da To ageba hat ond s Essa en femf Gäng serviert worda isch, von jonge oder alte Italienerinna en hübsche Kostümla, oder von Kellner em Smoking, was vorher extra em Prospekt gstanda isch ond a bissle teurer gwesa isch. Als ob's oim desdrwega besser schmecka dät. Damals hen mr scho g'lästert über dia antifeministische Benachteiligong der Weiblichkeit, dia wo mir ja eigentlich, wenigstens meistens, besser gfalla hat.

Ond mr hat sich an dia fremda Kochweis gwöhna müesse, an Olivaöl ond Majoran. Später hent sich dia Italiener an da deutscha Gschmack nakocht, bis es

50

fast gschmeckt hat wia drhoim. Na hemmr 's Hotel gwechslt. Aber emmer no hat mr do dronta für Vollpension mitsamt am Wei weniger zahla müssa als ema Großstadthotel fürs nackete Bett. Mir hend ja guet tausend mal gschäftlich grad en sotte Großstadthotel sei müessa, en München ond en Düsseldorf, en Paris, en Wien oder Florenz, wie's halt komma isch. En New York oder sotte Städt hat mr en große Kästa gwohnt mit femf oder glei vierzig Stockwerk, dass oim's Treppasteiga scho onta verganga isch ond mr halt en oin von dene viele Fahrstühl gstiega isch, zwischa Marmor, Spiegl ond Mahagoni. Wenn's au koi richtige Gemütlichkeit geba hat dort, aber des internationale Flair oder wia mr au saga möcht zo dera Ageberei, tuet oim scho ganz guet. „Das Ambiente schmeichelt dem Selbstwertgefühl des Gastes" - ond isch en dr Rechnong berücksichtigt.

I möcht net saga dass mir ausgrechnet des fehla dät, seitdem mir nix meh schaffet. Aber wo i dia Prospekt von dr Kur aguckt hab, mit dene schö agrichtete Büffees, dene adrette Bedienonge, dene schöne Zemmer, wo i von der agnehma Hotelatmosphäre glesa han, no han i mir a bstimmts Bild gmacht.

Zo dem Bild hat au ghert, was mr en viele Jahr glesa hat en schöne Roman von hochgeehrte Schriftsteller, was mr gseha hat em Kino, so vom Kronprinza en Bad Ischl, dr Effie Briest en ihrem vornehma Kurort, wo überall dia Leut en de Sonntagskloider durch d Wandelhalla spaziert send mit ihrem Wassergläsle en dr Hand ond en Zylender aufm Kopf.

Ond natürlich hat da au der würdige Geheimrat mit seim weiße Bart drzue ghört, der wo sich om Gsondheit ond Seelaschmerzla kümmert hat, Schwestera en weiße Häubla wo en Knicks machet, wenn se zor Tür rei kommet, ond schempfet, wenn se dem Herrn Hofrat sei Zigarr weg nemmet ond zom Fenster naus schmeisset.

Wie hent älls dia feine Dichter so schö gschriebe? „Wohlgemut trat er den Weg an." Des hemr au doa. Ond jetzt...

Oh Kender !

Do hen mr ons schwer discha, von wega vornehms Hotel ond so. Nex isch, mir send en era Klinik glandet, so richtig mit Chefarzt, Oberarzt ond Stationsarzt. Ond mit Kantineessa. Aber ao mit Krankaschwestera. Des hoißt, was hoißt Krankaschwestera, ganz arg nette Mädla send des. Bsonders dui oina. Aber des verzähl e nachher.

I fang liaber mit em Stationsarzt a. Des isch a lieber Kerle. Ond der hot scho en Vollbart. Wenn r den s'Lebtag wachsa lässt, wird r amal a richtig schener Greis, so wia früher dia Einsiedler ausgseha hend em Bilderbuch, zu dene wo dia junge Mädla nagwandert send, wenn se Liebeskummer ghet hend.

Also der jonge Doktor, wo erst später amol a schener Greis werda soll, hot mi glei am ersta Dag ondersucht. Do han i da Oberkörper frei macha miassa ond d Füaß bis zu meim kurza Onderhösle No hot er mit ma kloina Hämmerle uf meiner Kniescheib romklopft. Aber i han eisern stillghalda wia a Holzbock. No hot r's weider onda probiert, am Scheeboi. I han koin Muks gmacht. Erst wo der Doktor ganz verzweiflet guckt hat, isch mir komma, dass mr doch so ausprobiert, ob oiner no ganz bacha isch. No han e vorsichtshalber a bissle mit em Fuaß gwippt. Des war mei Glück, denn no hat er glei aufghört ond gsagt: „Also, Reflexe sind noch da!" Ond des hat r en sei Büchle neigschrieba.

Wenn i denkt han, jetz isch gnuag, han e me aber däuscht. Der Herr en seim weiß Kittele hat gsagt, i sei z schwer, i soll abnehme, ond en de nächste vier Wocha bloß 1200 Kalorie zu mir nehma.

Des mir, wo i mi so auf des gute Essa gfreut han, von dem wo em Prospekt so schene Bilder send. Kaloria statt Spätzla! So ebbas. Ond dia no abzählt!

Wo sen mr denn!

Ond no hat der Doktr glei a Rechnong aufgmacht: „Körpergröße 172, abzüglich 100, ergibt 72. Davon gehen 10 Prozent ab, Rest 65. 65 Kilogramm ist demnach Ihr Idealgewicht."

„Ha no", han e gsagt, „Sia misset bedenka, dass i en starka Knochabau han."

Meine Knocha seiet überhaupt net schwer, hat r behauptet, des kenn er mir beweisa. Noch dera Romklopferei han e dem scho gar ällas zuatraut ond scho mein abgnagta Fuaß uf der Woog liega seha. Aber mr hend ons goinigt, dass i mir emol beim Metzger en Knocha von ama andera Rendvieh uf d Woog lega lass, bloß so zom Vergleich.

Daraufhin habe ich in korrektem Hochdeutsch seine ganze Rechnerei angezweifelt und gesagt, dass es ja das Wohlfühlgewicht gebe, nämlich Körpergröße, ab hundert, plus 10 %. Des send neinasiebzig bis achtzig Kilo - en Zahla: 79 - 80 kg!!!

Zu was liest mr schließlich sei Zeitong. Da stoht jeden Dag so viel dren, dass jeder fendet, was er mecht.

Ond außerdem het i mei Leba lang meine Steura zahlt ond mecht net em Alter ond en dr Kur vrhongre.

Zum Schluss war r wieder ganz nett ond hat gsagt, für meine starke Muskla kenn r en Zuschlag macha. Meine Muskla hat er vorher ausprobiert ghet. Da isch r vor mi na gsessa, hot seine Hend verschränkt ond gsagt, i soll amol ganz fest drgega drücka. Des han e doa. Aber bevor r ganz am Boda gwesa isch, hat r aufgeba. Aber gmerkt hat r sich's! Mit mir hat r's net ganz vrscheissa wella. Desdrwega isch r au von dem Thema abkomma ond hat Vollkost genehmigt.

Wo mr en da Speisesaal komma send, han e mei scharmantestes Lächla aufgesetzt ond dia Saaldame höflich gebeten, uns einen Tisch am Fenster und mit netten Leuten zuzuweisen. Dieses tat sie.

Aber wia mir abends wieder an da gleicha Tisch gsessa send, isch oina drherkomma ond hat gsagt, mir müasstet do weg, nieber en dia Abteilung für „reduzierte Kost und Diät". Wenn e bloß so en gschwollena Ausdruck hör fürs Hongerleida. Aber i han nex macha kenna, eier Mudder hat sich von dem Doktor belatschera lassa ond will abnehma. Aus lauter Eitelkeit.

An dem neia Disch send fenf Leit gsessa, zwoi Stühl send frei gwesa. An oin drvo hat mei neia Nochbere ihre Stöck naghengt ghet. Dia hot se jetzt an da oigena Stuhl nahenga miasa. Des hot er gar net passt, weil dia Denger dauernd rutschet ond uf da Boda fallet. Mr könnt ja ganz oifach so griffelte Gummihalterunga an dia Stuhllehna mache, wisset r, so Denger, wia se en fast jedem Haushalt send zum Besa aufhänga. Des dät net viel kosta ond wär praktisch.

Die Klinik habe schon zweckmäßige Vorrichtungen zur Befestigung der Krücken an den Stühlen bestellt. Die seien nur noch nicht geliefert worden, hot mr mir gsagt, wo e des vorgschlaga han. S wär allmählich Zeit drzua. Denn vor a paar Wocha hent se ihr zehnjähriges Jubiläum gfeiret. Do häbs a Festessa gebe, weil dia Vertreter der Kostenträger, also der Renten- und Krankenkassen, dagewesen seien. Als ob dia Herra Direktora net selber a guats Essa zahla könntet. Die Besahalter aus em Baumarkt wäret billiger gwesa ond dia Patienta hättet ebbas drvo ghet. Weil nemlich a jeder Femfte en dem Haus goht am Stock. De meiste drvo an zwoi. Ond em Speisesaal fallet dia Denger älleweil om.

Also, dia neie Nochber hents ons merka lasse, dass es ohne ons gemietlicher gwesa isch. Onsere Stüehl standet direkt an der Wand. De andere stellet ihre Stüehl ganz knapp drneba ond jedesmal wenn mir kommet, dent se grad extra omständlich mit ihre Stüehl rangiere, grad so wia mr des macht, wenn em Eisebahabteil oiner reidruckt ond mr muass seine Zeitonga von de leere Plätz wegdoa - ond sobald mr selber en Platz hat, macht mrs grad so. Aber en dem Speisesaal könna mr jetzt koine Plätz meh freihalta, der isch voll wia dr Frankfurter ICE bei dr Buach-mess.

Am liabsta dät e ja über d Lehne steige. Aber des hot mir mei Mudder so gründich verbote, dass i me heit no net getrau. Mir hent au scho probiert, dass mr vor de andere do send. Aber do müsstet mr ons scho am halber zwölfe vor em Saaleingang postiere, dass mr bei de erste wäret. Lieber lasset mr ons a Weile schief agucka. Des wird sich lega, genau wia en dr Eisebah.

Als oinziger am Tisch kriag i Vollkost. I könnt mi also satt essa. Aufs Idealgewicht kann eigentlich ver-zichta, i ben ja au sonst koi Idealmann. Schö, mei Frau hat kürzlich s Gegeteil behauptet. Aber was so Verliebte saget, zählt et. Mir kennet ons ja no net amal ganz femfavierzg Jahr. Damals hemmr Äpfl uf-klaubt em Onkl Heiner seim Güetle. En ganz rota

Kopf hat se damals kriegt, wo mr zufällig nach em gleiche Äpfl glangt hent. Jedesmal.

Am Mittwoch hemmer uf d Woog misse, zur Ermittlung vom Eigangsgwicht. Dabei hat dia Schwester gsagt, i sei doch koine 172 cm groß, sie selber sei 168 ond so groß wia i. Ond no isch se zom Vergleich ganz nah zo mir hergstanda. Des war scheee. So a netts Mädle. Se hoißt Renate und macht grad ihren Pilotaschei.

Aber, se isch verheiratet. Schad. - Aber i bens ja au.

Die Sach mit der Körpergöße hen mr dann objektiviert. I han an d Wand standa müssa, vor a Messlatt. 169 Zentimeter hätt se abglesa, hot d Renate gsagt. Ond ihr Kollegin hot behauptet, i hätt bschissa ond sei uff d Zeha gstanda. Desch aber et wohr. Bloß, d Socka han e abhalta. Aber des hent dia zwoi gar net gmerkt. Wemmer also jetzt dem Vollbart sei Rechnong glauba dät, no wär mei Idealgwicht 63 Kilo ond fenfondertfuffzich Gramm. Koi gotzigs weniger; des han i mir vorgnomme.

Was dreißig Johr lang recht gwesa isch, soll jetzt nex meh sei, i soll wieder romlaufa wia vor dr Währungsreform, wo mr Rüsselkäfer gessa hent, weil von de Erbsa nex meh übrig gwesa wär, wemmr se no länger gwäscha het. (Mir hent ons gsagt, dass es dene

Viecher grad recht gschieht, wen mir se esset, weil se ja ihr Leba lang onsere Erbsa gfressa hent.) Also, des mit der Fastakur iberleg i mir nomol. Do bräucht i ja neia Hosa. Dadrfier han i koi Geld ibrig. Ond spara wird mr ja no dürfa als Schwob.

Bloß, wenn des wohr isch, dass Schlanke länger lebet, des wär a Grond. Denn no kennt i mei Renteversicherung später ganz schee ausnutza.

Iberhaupt, dass dia Rentekass drmit eiverstanda isch, wenn d Krankakass sotte Vorschläg macht. Des isch doch geschäftsschädigend. Koi Wonder goht dene s Geld aus.

I wart bloß, bis dia Rentefritza Reklame machet ond schreibet „Bauch ist Wohlstand", oder „Freier Fraß für freie Bürger".

Warta mr amol de next Koalitionsregierung ab. Do kriegt oi Partei s Sozialministerium ond de ander stellt da Gesundheitsminister. No kennat sich boide profiliere. Ond streita nach Herzenslust.

I gebs zua, mei Korpus hat a bissle was voma wertvolle Theatervorhang, so malerisch ronde Falte. Aber do isch ja meischtens a Hemmet drüber.

Aber wenn mei Angetrauta sich en de nächste vier Wocha zur Schönheitskönigin ronterhongert, ka i ja net als Dickerle henterherwusla. Deswega lass i jetzt meine Kartoffl en dr Schüssl, au wenn's net recht isch, wenn mr zrückweist, was d Kass für oin zahla muass. S Gmüas derf mr essa, anscheinend au dia pappiga Soß. Des isch genau de gleich wia dia wo dia Hongerleider krieget. Se schmeckt net emol schlecht. Dui erinnert me so an mei Muddr. Dui hot au emmer a Mehle an d Soß na gmacht, ond ans Gmües, damit se ihre sieba hongrige Mäuler satt kriegt hat. Bloß nach dr Währungsreform, wo s so langsam wieder ebbas zom Essa geba hot, do hat se d's Gmües bloß no vrwellt mit guete Kräutla. Der Koch verstoht au ebbas von guate Kräutla.

Aber von Spatza überhaupt nex! Wenn Spätzla uf dr Kart standet, no mach i gern en Fastatag. So eine Verballhornung unseres Nationalgerichts! Mo der Kerle bloß herkommt. Der ghert ja mit Pommfrit zuadeckt.

Morgens leget mr ons a Kalorientabell neber da Teller: a „Rosebrötle", des isch a Vollkornwecka mit ganz kunstvolle Einschnitt obedrenn, dia wo ganz knusprig werdet, des hot 120 Kalorie. A Knäckebrot hot 30. I muass also auf vier Stück drvo verzichta, wenn e ebbas Guats essa mecht. A Wurstscheib häb 70, a Scheible Käs au. Dr Käs isch besser. Am besta battet, wenn mr d Butter ersetzt durch Diätmargarine. Dui hat grad halba so viel Kalorien ond schmeckt net halba so gut. Drom fällts net schwer, wenn mr d Hälfte drvo liega lässt. Des macht 60 Kalorie. „Schönheit muss leiden" hot mei Muddr früher gsagt, wenn se da Kamm durch meine verbäbbte Haar zoga hot. Vom Rechna hot se aber nix gsagt damals.

Uf jeden Fall mess i abr drhoim meine Zentimeter selber ab, mit Strichla an dr Stubatür, wia früher bei meine Kender. Ond dia Frog wega dem Wohlfühlgewicht sprech i mit mein Hausarzt. Nach dem Motto: „Zu Risiken und Nebenwirkungen ..." Denn s hoißt ja, dass Fraua emmer an de verkehrte Stelle abnehme dätet ond henterher ohne Hemmet aussehe dätet wia waldkranke Tanna.

Ond was send bei de Menner de verkehrte Stella? Ond was send dia Nebenwirkunge? Ha?

Oh Kender!

S Publikum hier isch a bissele gmischt. I seh des positiv, es send nemlich recht nette Leit drbei. Do stakst zom Beispiel a Stuagarter rom, stocksteif wia a Besastil und dirr wia a Zaulatt. Den hat mr an de Bandscheiba operiert. Er isch scho 67, hot aber als Sonntagsessa a Haferschleimle verlangt, wega Verdauungsbeschwerde. Haferschleim gäbs bloß auf ärztliches Rezept, hat mrm gsagt. Oh Kender.

Do send au zwoi ganz reizende ältere Dama, dia hent neie Hiftglenker. Die stakset ganz vorsichtig an ihre Stöck durch d Gegend. Ond wenn en oiner nonterfällt, derf sich koi anderer drom bucka. Selber macha mechtet se älles, dass se schnell wieder glenkig werdet. Die zwoi nemmet selbstverständlich au koin Lift.

Vor dem sitzet halt emmer dia arme Kerle en ihre Rollstühl, dia wo drauf agwiesa send. Ond manchmal drucket sich vor dene oine von selle nei, dia wo emmer vorna dra sei misset, wenn's ebbes omasonst gibt. Ihr kennet dui Sort ja au. En so ma Kurheim send des dia Routiniers, weil se jedes zwoite Jahr ihr Kur nemmat. Weils d Kass ja zahlt. Henterher lasset se sich no krank schreiba zur Erholong, dafür gibt s dann Lohnfortzahlong.

Em Speisesaal ka mr dia Experta höre. Weil se Stimma hent wia d Callas ond dr Schaljapin - so laut, net etwa so schö. Se kennet jedes Bad von Kitzinga bis Krotzinga, von Bad Aibling bis Bad Wurzach. Ond mit Krankheita kennet dia sich aus! Desch a wahrhaftigs Glick au für ihr Omgebung. Wenn dia so verzählet, wia se dene Ärzt gsagt hent, was se verschreiba miasset! An onserem Tisch sitzt au so oiner. Wenn der net em letzte Moment sein Doktor an ra ganz großa Dommheit ghindert hätt, no könnt er sich jetzt d Rettich von onta agucka. Der Ma muss aus ema ganz sparsama Dorf komma, wo mr des wertvolle Land vom Friedhof au no fürs Gmües ausnutzt. Dia Fraua an onserem Tisch spitzet schwer d Ohra, wenn der verzählt.

Ons nemmt mr do net für voll. Als Leit, dia wo z erschte Mal zur Kur send, könnet mir natürlich koine raffinierte Tips gebe. Ond intressante Krankheita könna mr au net biete. Oder soll i vielleicht d Hosa aufmacha on zoiga, wo mr mir da Bauch aufgschnitta hot? Do dät i mi scheniere. Oder soll euer Muader die lahme Muskla em Gsicht ond am Arm zoiga noch ihrem Schlaganfall. Die ist froh, wenn koiner ebbas sagt. Mei Nochbere hot mir aber scho ihre Näht an de Knui zoigt. Die ganget bis ganz obe nauf, hot se gsagt, ond ihren Rock äls weiter hochzoga. So weit han e aber net guckt. Mir ischs scho bei de erste zehn Zentimeter von dene Krautstampfer vergange ond i han ganz schnell s Thema gwechslt. Se hots a paar Tag später nomol probiert. Net emol en Schnaps han e ghett zom Nonterschwenka. Ob dui hat Kurschatte werde wolla?

Iberhaupt, wenn dia Weiber am Tisch von Kurschatta verzählet - nadirlich bloß von dene von andere - no stecket se emmer d Köpf zsamma, sobalds intressant wird. Uf dui Weis erfahret mir natirlich rei garnix. Vielleicht gibts au nix.

Die Klinik hat vier Stockwerk. Ond en jedem isch a Fernsehzemmer. En drei drvo isch a Zettel, wo drauf stoht, welcher Sender hier eigschaltet isch. Em vierta stoht „nach Vereinbarung". Wenn aber „Herzblatt" kommt, oder „Lindenstraße", sprengt en jedem Telefischnruum ois auf ond schaltet des ei. Mir andere ganget no naus. Mr fängt ja wega dem Verdeppongskasta koine Händl a. Etliche hent ihre oigene Guckapperätla mitbrocht, no kennet se selber raussucha, andere hent sich ois gliehe für femf Mark am Dag. Des dät mr grad no fehla.

Mir höret Radio, „S 2-Kultur" oder „Bayern-Klassik", den Sender mit konzentriertem Repertoire. Da kann's sei, dass morgens am zehne scho zom zweitemal „Die kleine Nachtmusik" kommt, oder zum winterliche Sauwetter vor em Fenster dreimal am Tag „Ein Sommernachtstraum". Mr kanns au ausmacha. Em übrige hent mr onsere Bücher mit. Ond wenn mr dia leer hent ond selber voller Bildong send, kennet mr en d Bibliothek. Do standet en ganza haufa Karl May, Simmel, Konsalik, Margitt ond Agatha Christie. Mr send ja überhaupt gar net wega Bildong oder Onderhaltung do sondern wega dr Gsondheit. Dadrfür hemmr onsere Stondaplä wo d Awendonga draufstandat.

Gsond sei uf jeden Fall, wemmr jeden Tag em Uracher Sprudelwasser schwemmt. Aber scho morgens om siebene ganga mr zom Wasser<u>treta</u>. Hend r's gmerkt - des Treta han i onderstricha. Weil man nach jedem Schritt den Fuaß mit der Sohle ganz aus dem Wasser hebt und von oben wieder hineindabbt. Wie beim Krautstampfa oder en dr Maische bei de Wengeter. Drbei goht mr ema kloine Becka emmer rond rom ond hebt sich am Gländer, weil mr dodrbei en Drehwurm kriegt. Oimal han i vorgschlage, mr kennt zwischenei au d Richtung ändera. Do ben e aber lätz akomma. „Dat ist dia einzig richtije Richtung, wat anderet jibt et hia nicht", hat me a alter

Knacker aus em große Vadderland abäfft. Dem preissische Kommisskopf isch halt sei Lenksdrall über ällas gange.

„Aerodyn" isch a schmaler Kasta. Do streckt mr onda en Fueß nei ond oba liest mr Zeitong. S lieget gnueg alte Illustrierte rom drfür. I sag Euch, was mr do älles erfährt: vom Lafontaine seine Rotlichtkumpl, von dr Marlene Dietrich ihrem Gschlechtsverkehr ond vom englischa Kronprinza seim Zukunftstraum. Der möcht gern Tampax sei em Schlipferle von so re Lady. Vielleicht wär des net emol schlecht, no wär r aufgräumt ond d Engländer könntet sich en andera suche, wenn d Elisabeth gnuag hot. Dui guta Frau isch grad oi Jährle älter als wie I ond könnt scho lang en d Rente. Irgendwann wird se ja wohl au ordnungsgemäß sterbe. Ond no, puur Britannia, bei sotte Königskender. Vom Charly seinera Lady isch au a Bild komma. Ohne Schlipfer, bloß de ober Hälft, ond dui azoga. S war no schlemm gnuag.

Die Tag ben e erkältet gwesa ond no isch mr amal wieder d Stemm wegbliebe. Ihr kennet des ja: s isch emmer so lustig, wenn i flüstere, no flüsteret de andere au. Ond weil mir grad dr Doktr übern Weg glaufa isch, der mit dem Vollbart, han en gfrogt, ob er ebbas drfür hat. No hat der zrückgflüstert, mit

Doktr däts zwoi Woche daura, ond ohne vierzeh Däg. Ond isch weitergloffa. No ben e halt en d Sauna.

Aber do hättet r gstaunt, send do schöne Mädla gwesa, drei Stick, oina schener als de andr, wia griechische Göttine em Kulturalbum, vielleicht dia vom Trojanische Kriegsausbruch. Aber se hend englisch gschwätzt, send aber gwiß koine Engländerinna gwesa. Weil de selle ziehet sich ja ebbes a en dr Schwitzkammer, weils doch so sittsam zugoht uf dr Insl. Des han i selber scho erlebt. Ond Kurgästinna send s au net gwesa, no net emol -schatta, dia wäret mir scho längst aufgfalla.

Vielleicht gibt's überhaupt gar koine Kurschatte. I jedenfalls han no koin gseha. Möglicherweise denket d Leit, i hätt oin, weil i so viel mit dr gleicha Frau romlauf. Ond au no mit oiner wo so guet aussieht. A paarmal han i adeutet, dass mir a Techtelmechtel häbet mitanander. Des imponiert de Leut. Wenn mr na saget, dass mr scho vier Kender hent, wondert se gar nix meh.

Dia Dag isch ebbes passiert, des wo i Euch glei no verzähla möcht: Also, en dem Gymnastiksaal, do hent se a paar Loitera an d Wand gschraubt mit große Sechskantschrauba, dia wo aus am Boda guckat, wia s halt grad worda isch. Do hot sich bis heit koi TÜV drum kümmert. Ond en dr Gruppatherapie für Senioren, in dia wo mr mi gsteckt hat, goht mr halt schulmäßig drvo aus, dass alte Leut a bissle deppet send ond nemme recht laufa möget. Zur Anregung hat also dia Therapeutin ein Spiel vorgeschlagen: Jeder ond jede soll sich a zammeglegts Sprungseil en da Hosabond stecka ond no soll mr mr sich nachsaua ond gegaseitig dia Strickla rauszieha. Dabei isch oiner naghagelt. Mit em Kopf grad uf dui Schraub, ond hat granatamäßig bluetet. No han e denkt, dui Story kan mr dr BLUBU-Presse (Blut und Busen) verkaufa ond han in bestem Schriftdeutsch das Nachfolgende verfasst. Die Veröffentlichung han i mir so denkt: Vortitel, 2 cm hoch: Alkohol im Schwesternzimmer Schlagzeile, 6 cm: Blutiges Seniorenspiel

Text: In einer süddeutschen Kurklinik(!) wies eine jugendliche(!!) Therapeutin dia ihr Anvertrauten, leichtbekleidete Senioren beiderlei Geschlechts, an, sich gegenseitig Sachen aus den Hosen zu ziehen. An diesem neckischen Spielchen beteiligte sich die Therapeutin (Besoldungsklasse römisch vier a oder so...) selbst mit offensichtlichem Vergnügen. Einer der alten Herren stürzte sich im Eifer so heftig auf eine scharfe alte Schraube, dass er anschließend blutüberströmt aus dem Raum geschafft werden musste. Im Schwesternzimmer wurde er dann mit Alkohol traktiert.

Schee, des Wörtle „sich" wär a bissle fragwürdig. Aber wega vier Buschstabe hot no koi Bild-Leser sei Blättle zrickgeba, a Spiegel-Leser no net emol wega vier Seita. Ond sonst stemmt ja älles wörtlich. Au des mit dem Alkohol. Mit dem hent se nemlich a kloine Platzwond am Kopf abtupft.

Aber aus dem Gschäft isch nix worda. Zerscht isch a Flugzeigentführung drzwischa komma. Dia brengt ja bloß Umsatz, solang der Flieger no droba isch. Ond no hot a weibliches Member of the Jet-Set a Kendle kriegt. Koiner woiß so recht von wem. Au dui Dam et. Aber Auswahl hat se.

A paar Tag drnach han e den Verletzte troffe, en ganz netta Herrn aus Norddeutschland, wo r grad mit seiner Frau spaziere gange isch. Zu dem han e gsagt, er soll doch Schmerzensgeld von dr Klinik verlanga ond han ihm drzu dia Gschicht von sellem Amerikaner verzählt. Wo der mi bsucht hat, hat r sei Verspätong drmit entschuldigt, dass r vorher no zom Rechtsawalt hat ganga missa. Der hätt nämlich gega das SI-Hotel en Stuagert klaga solla, weil seiner Frau ond seiner Tochter morgens im Swimming-Pool dort drei nackete Männer begegnet seien. Seine Damen häben davon einen seelischen Schaden erlitten. Do hat doch mei Sportsfreund genau so glacht wia i damals, wo i ghert han, dass der Anwalt abglehnt hat. „In the States hätte das glatt wanhandertthausend Dallars gebracht" hat damals der Ami enttäuscht kommentiert.

Also, mir hat dia Gschicht au nix eibracht. Ehrlich, i han se natürlich au gar net fortgschickt. Ich bin ja viel zu beschäftigt für so ebbas, weil ich in dieser Woche gebildet werde. Ich höre täglich von 13 bis 14 Uhr das Wort zum Körper. Medizinmänner, Therapeutinne ond a Diätköchin kläret ons do auf ond saget, wia mr gsond ond monter bleibt.

Des mit dem Monterbleiba klappt aber net so ganz. Weil dia Vollköstler mit ihre vollgfressene Wampa nadierlich ihren Mittagsschlaf brauchet. Von dene ihrem Gschnarch schreck i emmer auf, wenn e mit gschlossene Auga adächtig zuhör. Hausaufgabe muess mr koine macha nach dem Onterricht, aber dia Versicherunga verlanget, dass mr sich dia Teilnahme testieren lässt. Die Kurfürste, also die, wo sich guat auskennet, weil se jeds zwoite Johr ihr Kur machet, ganget am Afang naus mit ihrem Stondapla, lasset sich a Onterschrift geba ond ganget in aller Ruhe zo ihrem Mittagsbier ond ens Bett. Oiner von dene hat kürzlich seim Nochber verzählt, dass diesmal dia LVA gmeckert häb, bevor se d Kur gehnehmigt hat. Aber em nächsta Johr dät r en Vorzugsruhestand gange, no dät d AOK zahle, dui sei et so bhäb.

70

Henta en dem Vortragssaal isch a halbhohe Bank für d Bandscheibe. Die hocket do so halbe drauf wia d Chorherre en dr Klosterkirch, wenn se wege dr Frömmigkeit eigentlich gar net sitza dürftet bei dr Mess. Dia Brittla hoisset drum au Bscheißerla. Auf lateinisch sagt mr aber ganz vornehm „Miserikordia".

Am liebsta ganget dia Bandscheiba ja ens Thermalbad. Des warme Wasser trägt ond entlastet dene s Kreiz ganz gewaltig. Aber se dürfet net da ganza Dag drenbleibe, weil des Wasser zehrt. Es sei aggressiv, send mr belehrt worde. Em Gymnastiksaal stoht no emmer a Skelett rom. Scheints hat dem ersta Kurgast koiner was gsagt ghet. Jetzt sagt mr jedem, dass r nach zwanzig Minuta wieder aus m Wasser muass. An de Eigäng vom Thermalbad send Zählwerk, dia wo registrieret, wieviel neiganget ond wieviel naus. Wenn obends oiner fehlt, dent se vielleicht s Wasser durchfiltera.

DRITTER BRIEF VON DR KUR

Oh Kender!

Em Bewegungsbad kommandiert a kloine Griechin. Dui hoißt Sophia, wie, glaub i, dene ihr letzte Königin, dui wo 1967 mit ihrem Mann hat stifta ganga müsse. Damals send au d Eltern von onserer Sophia gflüchtet ond de Kloi isch no en Deutschland uff d Welt komma. Eigentlich isch se a Deutsche, aber mit griechische Kurgäst schwätzt se griechisch. Abr dia send drom au koine bessere Sportspatienta als wia mir.

Also, bei dr Sophia duet mr onder Wasser d Muskla stärke. Zom Beispiel mit ema Schaumstoffbrettle, des wo mr nonderdrugga muass. Desch gar et oifach, weil des Deng emmer uf oiner Seit naufschnappt. Am besta liegt mr druff. Wenns na kippt liegt mr em Wasser. Desch allerdengs egal, weil mr sowieso dren isch. Warm isch's au. Gestern hat d Sophia a bissele gönnerhaft gfragt, was mr denn spiela wellet. Grad so wia d Dante em Kendergarda. No han i se a bissle ärgere welle ond han gsagt „Fußball". Prompt brengt se en Ball drher ond sagt: „Kicken Sie mal." Wenn dui Kloina aber glaubt hat, i dät me jetzt blamiere, hat se sich däuscht. I han me flach aufs Wasser glegt ond „Toter Mann" gspielt. No han e vorsichtig den

Ball g'angelt ond mit am Fuaß nagschlaga. Der Ball isch tatsächlich aus em Becka ghopft ond d Sophia isch nass worde. Wo i gsagt han, des hätt e net wolle, hot des sogar gstemmt, weil i mir des gar net zutraut han. Bloß wo e gsagt han, es täte mir leid, war des so granatamäßig gheuchelt, dass älle glacht hent. D Sophia au nadürlich.

Das Wort Gymnastik kommt ja aus m Griechischa ond derwega fällt mir a Spruch von so ma gscheita alta Griecha ei, den i amal ghört han: „Wenn des Lebenden Bahn sich dem Ende zuneiget, kehret zurück er zum glücklichen Spielen der Kindheit", oder so ähnlich.

So denket uf jeden Fall dia wo dia Bewegungstherapie für Senioren erfonda hent. Do spielt mr mit Luftballo oder duet mit große Bäll auf Kegel schieba ond so. Oimal hent mr ons auf da Rücka lega müssa und dia ausgstreckte Arm fest gega en Hocker pressa. Seither wagglet bei oim d Füeß. I han nex gsagt ond han en ganz still zu de andere gstellt.

Oimal isch so a Zwoizentnerweib komma, s könnet au zwanzig Pfond mehr gwesa sei, ond wo mr so große Bäll hent rolla miassa, hat se klagt, des tät se so astrenga. Dui hat nemlich ihr ganza Luft zom Schwätze braucht. En zwoi Stond fällt mir net soviel ei, wia dui en femf Minute daherschwätzt. S isch au drnach.

Also, zu dera han i gsagt, i will ihr emol zoige, was se hier so en drei Woche Gymnastik lerna wird. No han e a Dutzend Liegestütza mit Beifall gmacht. Wisset r, was des isch? Do stosst mr sich so kräftig ab, dass mr en dr Luft Händ ond Füeß zammaschlaga ka. I han des glernt bei dr großdeutscha Wehrmacht, wo i für da Endsieg ausbildet worda ben beim Hermann Göring seim Hätschelkind, dem technischen Elitennachwuchs mit dem schöna Nama „Prinz Eugen". Insgesamt han i damals dreimal Rekrut sei müssa. Des war gut, denn emmer öfter han i dene Ausbilder guete Ratschläg geba könna. Je nochdem, wia laut meine Kamerada glacht hent, han i als Sondervergünstigung „20 mit Beifall" übe dürfe. Wenn e na no bruddelt han „Wenn das der Führer wüsste", no hent se Rädla gschlaga, dia kloine Schreihäls. Meistens hat s na nomal zwanzig mit Beifall geba. Ebbas Ernsthafts hat mr aber net passiera könne, weil i oiner von de beste Schütza gwesa ben. Ond a gueter Schütze hat sich beim Kommiss fast alles erlauba dürfa - wia a Franzos, "wenn er's bloß richtig ausspricht". De Scharschierte, also dia Onderoffizier ond höher, hend des gwisst. Bloß dia Ausbilder net, des send höchstens Oberschnäpser gwesa.

So weit dia Retrospektive, so hoisst des glaub, wemmr mit alte Sacha agibt. Aber dui Dicke han i so verschreckt, dass se sich glei abgmeldet hat von dr Gymnastik. Ond onser Freila Eva, so hoisst des nette Mädle, wo dia Stonde gibt, hat gsagt, was i da gmacht het, sei zwar zirkusreif, „aber nicht gut für den Rücken". Dui kennt halt meine ärztlich geprüften Muskeln nicht.

Da Dag drauf hat mr mi en a andere Gruppe versetzt. Wahrscheinlich wega fehlender sittlicher Reife. D Renate hat so ebbes adeutet. Jetzt gohts a bissele sportlicher zue. Und dia jonge Männer do gebet mit ihrem Muskelkater a wia früher d Backfisch mit ihre enge Pullover.

Dass des harmlose Mädle au no grad Eva hoisst, isch a Witz. Do isch em Theater a ganz andere Eva vorkomma, sozusaga die Ursünde. I schwätz von der „Schwäbische Schöpfung" vom Sebastian Seiler. Em 18. Jahrhundert hot dr sell d Bibel noch seim Gusto en's Schwäbische übersetzt. Ond no hot a Zeit- ond Geschmacksgenosse vom Haydn sei Musik drzua gmacht. Ond, ob r's glaubet oder net, en Urach hent se des grad vor a paar Tag aufgführt.

Also, do hot's eine wohlgeformte Sopranistin geba, dui hat a hautfarbganzengs Triko a'ghet, dadrmit hat se grad ausgseha, als ob se bartuu gar nex a'hett... Ond schö gsonga hat se au no.

Dr Adam hat s gleiche a'ghett wia des Mädle. Aber a paar Falte am Bauch. Ond er hat Tenor gsonga.

Ond no war da no dr Gottvater. Der hat en weißa Malerkittel a'ghett ond en Mordsbart, ond hat Bass gsonga. Er hat fast ausgseha wia dr Ivan Rebroff, war aber a richtiger gstandener Schwob, der wo sich des mit der Erschaffung der Welt ond von dene Menscha lang ond gründlich überlegt hat. Der Kerle war so richtig schaffig, mr hats em a'gseha, dass r zo ons ghört. Den Adam hot er aus Spätzlestoig gmacht. Dr sell isch no au a ganz gnitzer Schwob worde, a bissele vorsichtig, a bissele aständig, a bissele verschämt, ond au a bissele henterom, ha wia mr halt so isch. Aber dui Eva, des granatamässig süße Luder, hat n so raffiniert romkriegt, dass e am liebste tauscht hätt mit em. Ich verzeihe es ihm! Wenn i do uf dr Behne gstanda wär mit dem steile Zah', da het i au gern en da Apfel bisse. Des war koi saurer. Mr hats bis zur Empore kracha ghert, wo dia Eva neibissa hat. Henterher ischs ganz schnell ganga. Die zwoi hent gsündigt; des hent se nadürlich net so gnau vorgführt wia beim Fernseha. Ond no send se aus am Paradies gfloga ond hent gheult. No war au d Musik aus ond mir send ganga.

Beim „Schäferliesle" hemmer no a Woizebier tronka ond a Portion Sauerkraut gessa. Also, des Liesle kocht besser wia der Koch von dr Kurklinik. Dera dät i sogar zutraue, dass se Spätzla macha ka. En dem Wirtschäftle ischs wirklich urgemütlich. Da präglet mr so schö mitanander. Neber ons isch a agehender Pfarrer gsessa mit seiner Frau ond am Hond. Dr'sel war dr oinzig schlanke, „weil der da Eisschrank no net aufkriegt", hot sei Herrle gstanda.

Kulturbeflissen wia mir send, send mr en Dag vorher scho amal em Städtle gwesa. Nämlich bei ma Bläser-konzert en dr Stiftskirch. S Konzert war sehr schee, aber i ka do net so gscheit drüber schreiba wia a gstandener Musikkritiker. Dem ischs ja wurscht, ob oiner vrstoht was r drucka lassa hat, Hauptsach, er zoigt wia gscheit r selber isch - oder wenigstens glaubt, dass er's sei - ond kriegt sei Zei-legeld, ond der Chefredakteur hat sei prozentuales Kultursoll erfüllt. I mecht, dass i selber kapier, was i Euch schreib, sonst lass e's bleibe. Also, dia Stifts-kirch von Urach isch grad so groß wia dia von Stua-gert. Em 15. Jahrhundert, wo dui baut worde isch, hent sich zwoi Brüder namens Graf von Württem-berg übers gräfliche Erbe in echt schwäbischer Rechtschaffenheit geeinigt und hent d Realteilung erfonde. Des isch, wenn oiner zwoi Äckerla an zwoi Kender vererbt, na kriegt jeder von jedem Äckele genau d Hälfte, aus zwoi Äcker werdet vier. Wenn na jeder wieder zwoi Kender hat, kriegt wieder jeder von jedem Äckerle d Hälfte. No send scho acht Äckerla worde aus dene zwoi. So isch des a Paar Jahrhundert lang ganga, ond wenn mr heut vo'ma Berg ronter guckt, sieht mr lauter schmale Feldla neberanander liege. Handtuchäckerla sagt mr drzue. Blödsenn isch's, aber gerecht. Ond dia Grafa send au gerecht gwesa:

Dr oi hat Stuagert kriegt, mit em nördlicha, dr andere Urach mit em südlicha Bröckel vom Ländle. Ond dr Uracher hat sich sei Stiftskirch genau so baut wia dui en Stuagert - weil r ja au ebber sei wölla hat. Später isch dr Stuagater ausgstorbe, dr lebige Uracher isch wieder omzoga, ond s' Ländle war wieder beianander. Ond no isch's sogar für da Napoleon groß gnueg gwesa, dass er's zom Königreich ernannt hat. Des bloß nebabei.

Jedenfalls, nach dem Konzert han i dia Steinmetzarbeita an dr Kanzel genauer agucke möchte, weil am Tag, wo mr zom Agucka do gwese send, koi Licht brennt hot. Mir hent ons gega da Strom der Heimstreber zur Mitte gekämpft. Ond weil d Leit ja neugierig send, hent glei oine wisse welle, worom mir des machet. Also send se ons noch. Ond no send se älle om dia Kanzel romgstanda. Ond a paar hend kluge Rede ghalte. So wia seller Vadder, der wo seim Spross erklärt hat: „Guck mal, was die damals mit ihren primitiven Werkzeugen schon für schöne Sachen gemacht haben!" - Schlag me s Blechle!

D Welt isch übrigens a Dorf ond en jedem Eck trifft mr oin. Beim Schäferliesle send mr am Tisch au mit ma Pärle gsessa, wo des Mädle Sekretärin isch von ma ganz großa Herra, den wo mir guet kennet. Aber mir könnet den Kerle net leide ond hent koin Gruaß auftrage. On en dr Klinik hen mr a Bäsle troffa voma Schulkamerada.

En dr Klinik send übrigens obends oft recht schöne Vorträg. Des hoisst, was hoisst schö. Entweder isch so a Vortrag a Diavortrag mit schöne Bilder oder oiner, wo bloß oiner schwätzt. Ond der schwätzt entweder gscheit oder et gscheit. Manchmal zoigt oiner wo gscheit schwätzt au no schöne Bilder. Oder omkehrt, oiner mit schöne Bilder verzählt au ebbes Gscheits drzua.

Halt, des isch ja genau s Gleiche. Aber no gibts no dia mit dem Gegateil von oiner oder von boide Hälfta. Des kommt später.

Aber do war zom Beispiel dr Kustos vom katholische Bischof von Rotteburg ond hat gscheite Sache verzählt über dia „Kultur im Schwabenland". Ond hat schöne Bilder drzua zoigt. Sogar vom ersta Kunstwerk von Menschenhand, emma Gäule aus ma Mammutzah, dreißigtausend Jahr alt. Ond bei ons en dr Gegend gfonda. Also hat dr Sebastian Sailer recht, ond de erste Menscha, dia wo em Liebe Gott gut glonga send, send Schwoba gwesa.

A Badmoister von dr Klinik hat seine Dias von dr Alb zoigt. Die send arg schö. Die hend ons besser gfalla als wia dia nuie Prospekt mo se jetzt verteilet.

Stoht doch do wahrhaftig a Kunstwort druff für onser guete Schwäbische Alb. „Schwalb" hoisst der Bledsenn, den wo a paar Werbefritze aus München dene Obere da aufgschwätzt hend. A Paar Buchstabe von jedem Wort.

Ob dia des Berchtesgadener Land jetzt als „Bernd" verkaufe wellet, d' Fränkische Schweiz als "Friz", oder da Wiener Wald als „Wild"? En sotta Schmäh dädet dia Wiener no net emol ignoriere. Ond bei ons gibt mr Stuiergelder aus drfür. Analog zu dene ihrer Wortschöpfung ka'mr ja dui Idee aus „der großen weiten Welt" bloß no als „Fee" abdoa. Dr erste Buchstab stammt voma oaständige Wort für „den schmetternd avisierten Duft der engen kleinen Innenwelt", das ganze isch a F...idee"

Zom a Vortrag über da Islam send en haufa Leut komme. Bloß dia Referentin et. Dui hat ihren Ma gschickt. Se häb ganz schnell a Grippe kriegt, hat r ausgrichtet. D Schrift von seiner Frau en dera ihrem Manuskript könn r net lesa, aber er tät au Bescheid wisse, hat r gsagt. Er häbe als Soziologe zwoi Johr lang en Marokko studiert, was zurückgekehrte Gastarbeiter dort machen täten. Dafür habe er den Doktortitel als Soziologe gekriegt. Er hat so en richtig orientalische schmala Bart oms Kinn rom trage ond hat ausgseha wia dr Lieblingssohn vom Scheich Lälle Bäbbel. Noch 25 Minuta war r fertig mit dem, über des wo r Bescheid gwisst hat ond hat no zur Diskussion aufgefordert wia selligsmol dia Achtesechszger. No hot oiner gfrogt, ob sotte Mordbefehl wia gega den Rushdi eigentlich em Koran vorgesehe seiet.

Ha, hot der Sozioldoktor gmoint, so direkt könn mr des net sage. Aber es sei au em Islam selta, dass dia Ermordung eines noch Lebenden befohlen werde.

I han no gsagt, Mordbefehle gegen schon Gestorbene seien wahrscheinlich noch seltener.

Wie dadruf d Leut glacht hend, hat koiner befohla: „Binder, 20 mit Beifall." Zivil isch halt doch zivil.

VIERTER BRIEF VON DR KUR

Oh Kender!

Jetzt send mr 310 Meter da steile Albtrauf naufgstiege zom „Buckleta Kapf", send obe durch da Wald nach Hülbe glaufa ond hend dort an älle Wirtschafta dia Speisekarte studiert. Heidenei, gibts do guate Sache: Schlachtplatt, Rostbrata, Kässpatza, Maultäschla ond Rehschäufele; Hausmacher Leberwurscht ond Oxamaulsalat.

Aber mir habet ällen Versuchungen widerstanden! Faste isch aber a harte Sach. Ogvespert send mr wieder dia rutschige Waldwegla nontergstapft, sozusaga mit laufendem Wasser em Maul! Was saget Ihr zu dieser mannhaften Tat? Aber trotzdem hemr wissa wolla, wieviel Kalorie mir dadrfür von Rechts wega hättet aufessa dürfa. Für was hemr denn dui Tabell vom Gsondheitsvortrag kriegt. Bergsteiga, Wandera oder Spazierelaufa, also Sache, wo mr so normalerweis für sei Gsondheit tuet, standet da aber gar net dren. No han e halt ersatzweis vergliche: Zerscht amal han e gsucht, welche Schwartamagekapazitäta von dem Bergsteiga so freigsetzt werdet. Aber Schwartamaga oder saure Kuttla oder so ebbes han e da ao net gfonda. Scheints isch des a sehr theoretische Tabelle. So oine von do droba, henter Frankfurt, wo se älles besser wisset - moinet se.

Als richtigs Vesper schreibet se do nämlich bloß a Kasseler auf, des isch a hessischs Ripple. Dadrfür muess mr zwoi Stonda Autofahra im Stadtverkehr. En Urach goht des net, weil mr trotz de Ampla en femf Minuta durchs ganze Städtle isch.

1 Apfel = 23 Minuten Bettenmachen. Des wäret acht Better, wenn mr für jedes drei Minuta rechnet, abzüglich Mengenrabatt. So viel hen mr et. Bloß, en dr Klinik könnt mrs vielleicht eirichta, wenn i zom Beispiel mit dem Stubemädle zamma Better ond Äpfel teila tät. Aber erstens sei i verheiratet, hat Eur Muddr gsagt, zwoitens sei des Mädle z jong, ond drittens häb dui womöglich en Freund, der wo Boxer isch. No han e ebbes anders gsucht. Also:

150 Gramm Pommes Frites (wer mag scho so ebbes) = 2 Stunden Autowaschen. Aber nirgends stoht a Omnibus mit drei Ahänger. Also weiter:

1 Glas Cola = 70 Minuten Schreiba auf dr Maschee, egal wieviel A- ond Durchschläg, mit oder ohne Strom. Aber Cola trenk i nie. A Viertele kommt aber net amol vor in dem Nordlichter-Opus.

S gibt überhaupt gar nex fürs Wandera oder so.

Für richtige Geistestätigkeita isch au nix da uf dera Tabell. Mr ka ja viel saga gega dia Deutsche Arbeitsfront, sogar sehr viel, aber dia Arbeiter der Stirn hend do no ebbes golte. Em Krieg hent dia sogar Lebensmittelkarta kriegt, wen au kloine. So hat mr domols dia Intellektuelle bestocha .

Moderne hochgeistige Sacha wia Krimi agucka mit em Derrick, oder Ratespiele mit em Carell send gar net erwähnt. No net emol d Sportschau. Wo doch viele extra em Trainingsazug aufs Sofa sitzet wenn Fuaßball kommt.

Der Kurpark isch schö. Den möget mir. Heut isch da dren a Maulwurf gwese, der wo als oinziger ebbes gschafft hat. Mir hend so richtig zuagucka könne, wia s emmer wieder en Ruck doa hat, wenn der Kerle do dronta a neue Ladung Dreck hergschoba hat. En dr Kur hat mr ja Derweil drfür. Der Maulwurfshaufe isch gwachsa wia selbigsmal a Vulkan em Schulfilm. Uff oimal isch a Regawurm da rauskomma und drvokrabbelt so schnell wia r hat könne. Der hat den Brata groche, der wo er selber hätt werde solle. Weil mir guete Menscha send, hent natürlich dem Würmle onsere ganze Sympathia golte. Der Maulwurf soll doch sotte Würm fresse, dia wo mir net sehet. Ond wia der Wurm so eiligst durchs Gras krabblt isch, isch a Vogl komma ond hat da Kerle

mitgnomma. Vögl möget mr au gern. Jetzt wisset mr garnet, auf wen mr schempfa sollet. Ganz wia en dr Politik.

En dr Mitte vom Kurpark, festgemauert in der Erde, erzgegossen, hebt einer an der Schippe sich - ond macht sei Schäferprüfung. S isch a Plastik vom Professor Grabert aus Göppinga. Der Schäfer hat währle a Gsicht wia handgschnitzt aus ra störrische Oich, gnitze Auga wia mei Muckaschäfer von Schlat, ond a Knollanas wia oiner der wo emmer sei Fässle Moscht drbei hat. A Paar Schaf standet drom rom ond s Ganze isch beim Strassacker gossa worda,

grad Visavis von ons drhoim. Den hagebuchena Kerle han i damals gseha, wo r a paar Tag em Hof romgstanda isch, bis s'n abgholt hend. So trifft mr sich wieder. I sag ja, d Welt isch a Dorf. Seine Schaf werdet viel fotografiert. Do drvor stellet nemlich ällemal dia Fraua ihre Männer auf zom Fotografiera. Die denket wohl, s pass zsamma. „Aus dem Läben gegriffen", dät Dante Frieda drzu saga.

Wemmr a Stückle nom goht, zom „Haus des Kurgastes", wia des ganz vornehm hoißt, no standet do drhenter drei ganz goldige Grotta, dia wo dr Gebildete en dr Kunscht auf Griechisch als Grazien bezeichnet. Des send süße jonge Denger aus Bronze, dia wo auf ra Kugel tanzet. Figürla hend dia ... so richtig zart ond langbeinig. Grad wia onsere Schwobamädle. War-

86

tet no zwoi Generationa ab. Also, dene könnt i stondalang zugucke. De oi hot en ganz süßa Bikini a, wo dr Träger rutscht, de ander ziagt vorne ihr kurz Hemmedle über des was mr net seha soll, ond hente rutschts hoch, de Dritt... a wa, gucket selber.

An dene drei vorbei goht dr Weg zom Uracher Wasserfall ond zor Festong. Nadürlich send mr do überall scho gwesa. Ond a paar mal em Städtle samt Schloss ond schöne Fachwerkhäuser. Die hent älle Gschmackswandlunga ond -verirronga en de letzte paar hondert Johr überlebt.

Au bei de Gütersteiner Wasserfäll send mr natürlich gwesa. Ha des isch ebbes Schees. Die fanget ganz obe am Albtrauf a, grad onder de Fohlaweida von Sankt Johann. Do lauft's Wasser über a Kanzel, fällt a Stückle weit frei ronter auf a andere Kanzel, von dort weiter, ond so fort. Kaskaden hoißt so ebbes bei de Fachleut. Ond emmer hat sich der viele Kalk wo en dem Wasser drin isch, onterwegs festgsetzt, hat neue Kanzla bildet, dia wo no in viele Jahrtausend emmer weiter von der Wand weg nach vorne gwachsa send. Ond dia Kanzla send ganz von dickem Moos eigwachsa. Ond durch des Moos sickert s Wasser ond tropft überall ab. Ond dia Tropfa glitzeret en dr Sonne wia Perla. Wenn Ihr nach Urach kommet, no ganget r do na. Der Weg lohnt sich. I wart bloß, obs nomal schneit. No muess es do schö sei. Ond no mecht i gern amal em Frühjahr do na, wenn rengsom frisches Grün isch. Des muss sei wia a Zaubergarta.

Oh Kender, was mr net älles no lerna muass en seim Lebe! Gestern isch em Zemmer a Zettel glega, wo vordruckt gstanda isch: „Bitte kommen Sie morgen um 7 Uhr zur Blutentnahme nüchtern ins Arztzimmer."

Also des isch klar, mr derf nix essa vorher.
Aber no gohts weiter:
„Bringen Sie auch den Becher (halbgefüllt mit Mittelstrahlurin) ins Schwesternzimmer." Do ben e aber arg en Verlegaheit komme. Oder hättet Ihr vielleicht gwisst, was des isch - Mittelstrahlurin? Wohl oder übl ben e halt nom zo dene Schwestera und han se ganz schenant gfrogt, was denn dees sei. Weil ich könne mei Lebtag lang überhaupt ond sowieso bloß

aus der Mitte heraus strahlen, ond ob dieses denn andere Leut anders macha dätet.

I han denkt, vielleicht hängt des mit dem Kleina Onderschied zsamma, von dem heitzudag so viel gschrieba wird. So ebbas liest ja a anständiger Mensch gar net, höchstens hehlinga.

Aber ein Gebildeter sottete schon wissen, was es da damit auf sich hat.

I ben also schwer gspannt gwesa auf dia Aufklärung. Wisset Ihr was? Die hend mi glatt ausglacht ond hend gfrogt, ob i no nie bei ra Kur gwese sei. Sonst dät e dees wissa. Man müsse zuerst ein Stücklein daneben sprenzen, dann das Hähnele zudrücken, dann in den Becher zielen und den Rest wieder daneben. Hähnele hent se gsagt drzua, des han'e au no nia ghört. Des isch medizinische Fachsprache.

Ihr sehet, en sora Kurklinik wird mr no a ganz gebildeter Mensch.

Au für dia großen gesellschaftlichen Belange werdet oim ja gegawärtig d Auga g'öffnet. Wenn i bloß dra denk, wer jetzt älle paar Stond en de Nachrichta verkündiga lässt, wia wichtig dia religiöse Feiertäg seiet ond dass mr uf koin gotzige drvo verzichta kenn wega der Pflegeversicherong von dem Blüm. Des saget Leit, von dene wo i emmer glaubt han, dass se s

Lebtag no koi Kirch von enna gseha häbet. Ond dia Zahärzt, dia des älle hend parduu werda wölle weil se gmoint hent, mr dät da am allermeista verdiene, jomeret jetzt, se dädet vrhongera wega dem Seehofer. I sag ja, dia Politiker ruinieret no da ganza Wohlstand.

Etz ben e scho wieder aus em Schwesterzemmer abgschweift. Also nex wia zrück zo dene nette Mädle. Jeden Mittwoch stellet dia a Waag auf, mit ma Stuhl, auf den wo mr sitza muss. Do wird no älles mitgwoge, Schuh ond Kloider, falsche Zäh ond was mr sonst no als Tara mit sich romschleppt. Ond weil onderschwellig doch jedem sei Idealgwicht em Kopf romschwirrt, kriegt r wegem Gwicht vom Tara no a schlechtrs Gwissa ond möcht no gar nex meh esse. Des hält aber bloß bis zom Nachtessa vor. S gibt nadürlich böse Zonga, wo saget, dui Klinik dät bloß wegem Spara so viel Leut en d Abteilong von de Hongerleider schicke.

Jeden Tag zwoimal messet se da Blutdruck bei mir. Do hent se a Manometer, bei dem wo dr Zoiger nach onta saust wia a Tachometer wenn d Polizei em Rückspiegel isch. Wenn do so a Schwester a bissle langsam guckt, hat koiner meh en hoha Blutdruck. A jonge Schwester hat bei mir amal so wenig abglesa, dass i gsagt han, se soll mr no a Gläsle Sekt gebe zom de Kreislauf arega. Seither guckt se schneller, vielleicht weil se dui Arznei gern selber trenka möcht.

Em Thermalbad schwemmet mir emmer glei naus ens Freilandbecka. Da siehst bloß stoffüberzogene Köpf, weil mr Badmütza traga muess. Au wemmr a Glatze hat. Dromrom wabert dr Nebel wia uf dr Hexawies vom Macbeth, weil d Luft so kalt isch. Ond d Leut send onderm warma Wasser so schö dranig faul wia em Urlaub am Strand. Des wirkt sich sogar uf d Mäuler aus, trotzdem dia überm Wasser send ond Luft hättet. Manchmal schneits au. Na löset sich dia Schneeflocka genau vor de Auga auf von dr Wärme. Se werdet gar net erst zo Wassertropfa sondern vrdonstet glei. So ebbes Intressants hat ons etemal onser Physiklehrer vorführa könne, obwohl der des studiert ghet hat. An zwoi Stella kommts warme Wasser aus am Boda. Des blubbert so richtig fest, dass mr draufsitza ka. Manchmal kommet da au große Dampfblasa mit. Ond no fragt vielleicht ganz süffisant a Nachbar, ob vielleicht des Lauchgmües vom Mittagessa net gnueg kocht gwesa sei.

Em Speisesaal, also en onserem Hongerleiderrevier, zoiget sich d Leut voller Stolz, wia ihre Röck ond Hosa rutschet oder wia ihre Gürtel auf em letzta

Loch pfeifet. Mitm Taschamesser hat sich scho mancher neue Löcher neistupfa müssa. En da Gürtl.

A paar eigfleischte Sozialkonsumenta pfeifet aber uf Gsond- ond Schlankheit. Die packet sich morgens ond abends am Büffee ihren Teller so voll mit Butter ond Wurscht, dass se no ordentlich ebbes mitnehma könnet. Weil dr Tag isch ja lang. Ond d Nacht au. No net amol dia Tatsach, dass amal a Sozialgericht entschieda hat, wenn d Kass oim s Abspecka aus gesondheitliche Gründ finanziert häb, müess se au neue Kloider zahle, hält dia drvo ab. Die saget sich wahrscheinlich: „was e verdwischa ka, des nemm e ond was e gnomme han, des hann e". Ond „Wenn i erscht emol gsond ben, derf i vielleicht nemme zur Kur." Na ja, des müsset dia mit ihrem Gwissa abmacha. Falls se dadrfür no Platz hent en ihrem Wanst.

Voriga Woch hats für ons „Halbzeit" ghoissa. Mit ons zamma war a jonga Bandscheib agreist. Dui hat am Samstag gstrahlt, wo se ons verzählt hat, ihr Ma käm uf Bsuech. Vor dr Tür hemmr se no troffa mitanander. Ihr Dochter isch au drbei gwesa, a groß Mädle scho. Do han e gstaunt ond han als Kompliment gsagt, sie häb aber früh agfanga. Warom, hat se gsagt, sie sei jetzt achtedreissig. „Donnerwetter", han e saga müsse, „Sie hend sich aber guet ghalte." Da war ihr Mann aber richtig stolz.

Mei Tischnachbere, dui mit dene Knui und mit der lauta Stimm ond ihre drei Gschichte, dia wo se jeden Tag verzählt hat, isch abgreist. Dui war froh, dass se hoimdürfa hat. I au.

Jetzt sitzt a Neua am Tisch, a ganz lustiga Kloina. Se isch grad no 146 Zentimeter groß. Se war vorher scho gstompet ond jetzt hat se wega ihrer Osteoporose 16 cm abgnomme. Kloiner könn se nemme werde, weil d Rippa auf m Becka aufsitza dätet, sagt se. Ond do lacht se drzua. Außerdem hat se Leberzirrhose ond Krampfadera en dr Speiseröhre. Ond isch emmer fröhlich ond freundlich. S häb en ganz lieba Mann, der wo kerngsond sei ond s jetzt ausnutzt, wenn sui vrsorgt isch. Er isch mit ihrer Tochter zom Bergwandera verreist. Auf ihr Diät achtet se genau. Se möcht da Rest von ihrem Leba „gsond ond fröhlich" verbringe. Sotte Leut gibts, des isch doch schö.

Aus dr Seniore-Gymnastik-Gruppe isch au oiner abgreist. Trotzdem r erst 58 isch, hat mr'n do eiteilt ghett. Wo dia Frau Eva amal zu em gsagt hat, er soll zu der Übung ganz aufrecht sitze, hat er gjammert: „Machet Sie des doch amal vor, nach sechzig Jahr am Schreibtisch". Oh je, Kender, was es doch für Leut gibt.

A Achtzigjähriger, der mir von der großa Flut en Hamburg verzählt hat, wo er Tiefbauingenieur gwesa isch ond dr Schmidt Innasenator, der isch au abgreist. Schad. Der wär vielleicht sogar no gern bliebe. Weil drhoim bei ihm, er wohnt jetzt irgendwo am Niederrhein, hat dr Sturm drei große Tanna übers Grundstück gschmissa. Wo er mir des verzählt hat, hat er sich gfreut, dass er oms Wegschaffa dromnomkommt, weil r en dr Kur isch. Pfeifedeckel. Da Tag vor seiner Abreis hot m sei Schwiegersoh gsagt, er häb koi Zeit drzua ghett. Dr Papa sei ja jetzt guet erholt ond könnt dia Bäum en Ruhe zsammesäga. So nach dem Motto: „Rentner hent ja Zeit für älles". Ob se Lust hent, fragt koiner.

Also, der ond i, mir hent emmer en Mordsspass ghett en de Gymnastikstonda, dia wo Bewegungstherapie hoisset, wega dr Abrechnong mit dr Kass. I han ja scho verzählt, was dia sich für Spiel ausdenkt hent für alte Knacker. Mir hent emmer probiert, ob mr oin von dene Luftballo mit m Federballschläger kaputt krieget. Aber dia Denger waret z woich drzua. Aber d Decke ond d Lampa hem mr scho troffa mit dene Ballo. Onser nette Eva hat emmer Angst ghett, dass ebbes kaputt goht.

Dui isch übrigens aus ihrer neua Wohnung wieder auszoga, hat se mir verzählt. Wega dene drei Katza von ihrer Vermieterin, dadrgege sei se allergisch, hat se ihre Eltern erklärt. Mo i voll Mitleid gfragt han, wo se jetzt wohnt, hat se gstrahlt: „Bei meim Schatz." Zu was doch Katza guet send.

Au dia zierliche alte Dame aus Augsburg mit dem neue Hüftglenk isch abgreist. Se wird bald wieder ohne Stöck marschiera könna, hat se ons beim Adesaga gsagt. Ond au ihr Zimmer- ond Leidensgenossin, dia wo unermüdlich d Trepp rauf ond ronter isch, vorwärts ond rückwärts, hat ihr Soh abgholt. Au sie möcht bald wieder richtig laufa könne.

Ja, ond für ons wirds au Zeit. Mr machet no en letschte Spaziergang. Frischer Schnee hat de ganz Landschaft sonntäglich verwandelt, dene drei Grazia zarte weiße Kloidla azoga, ond dem Schäfer a dicka weiße Krempe om da Hut glegt. En äller Herrgottsfrüh hat dia lustiga kloina Frau von onserm Tisch als Ersta ihre Fuaßstapfa en da Parkweg gmacht. Des sei ihr Ehrgeiz, hat se ons später gstanda. Wo i auf m Balkon mei Frühgymnastik gmacht han, hat se mi entdeckt ghett ond fröhlich mit m Stock raufgwonka.

Mir send natürlich glei nach em Kaffee los zo de Gütersteiner Wasserfäll. Die seiet jetzt bsonders schö, hemmr de Leut vorgschwärmt, wenn da so dr Schnee ond dia kloine Eiszapfa en dr Sonne glitzeret. Nach era gueta Stond send mr dort gwesa. No wars bloß no nebelig, des Schneewasser isch als dreckiga Brüh da Berg nonterglaufa, nasse Schuh hemmer ghet ond hent durch großa Pfütza stapfa müeße. Na ja, älles kascht net verlange.

Bei dr Endkontroll zoigt d Woog bei äll zwoi drei Kilo weniger, en dr Usch ihrer Hand isch Durchblutung und Gfühl jetzt wieder besser, mei Blutdruck isch en da Normalbereich nonderchemisiert worda, d Füaß dent nemme ganz so weh.

Mr saget dem netta Vollbartdoktor Ade ond versprechet, dass mr amol wieder reigucket, dene lustige Schwestera hent mr scho vorher a bissle ebbes gschenkt ghet, ond fürs Stubamädle han e a Trenkgeld nagrichtet.

Se isch grad beim Better abzieha, wo mr onsere Koffer abholet.

I sag: „Des isch für Sie"

Sie dreht sich rom ond i druck er des Geld en d Hand. Dui guckt ganz verwondert. I au. S' war nämlich a Aushilf, dia wo mir vorher no nie gseha ghett hend.

Ade Bad Urach, s war schö, machet weider so älle mitanander!

ein binderbuch zum Zeitgeschehen

UNPASSENDE FRAGEN

**Aufschriebe eines kritischen Jungen
vom Jahrgang 1927**

...wie das denn so war, bei den Nazis, bei den Soldaten und bei den Amis. Kurz, in jener Zeit, in der die 1927er Kindheit und Jugend erlebt haben. Es war die Zeit eines schrecklichen Krieges, der hereingebrochen war über ein Volk, dessen Regierung zu viel riskiert, ihr Volk begeistert und ins Unglück gestürzt hat. Der Buchautor – er nennt sich hier Wilhelm Debrin - ist nicht begeisterungsfähig. Als Sonntagsschüler war er kritischer Hinterfrager, war Zuhörer, wenn die Erwachsenen diskutierten, was „die" von der Partei nicht hören durften, war an Technik interessierter Hitlerjunge und Soldat. Der Regierung glaubte er damals viel, doch nicht alles. Und den Siegern auch nicht. Bei Kriegsende erlebte er auf seinem 500-Kilometer-Marsch nach Hause die Hilfsbereitschaft der Verlierer. Schon ab 1946 Student, begrüßte er die neue Zeit des Friedens und der Arbeit. Wilhelms Geschichte erzählt, oft mit peniblen Einzelheiten, was er erlebt und was die meisten von denen empfunden haben, die im Jahr 2017 ihren neunzigsten Geburtstag feiern konnten.

Berichte von Freunden über die Nachkriegszeit in Ost und West ergänzen dieses Zeitzeugnis

Episoden, Bilder und kleine Dokumente

Weit über das Private hinaus sind sie interessant. Denn zu den Namen gehören Erinnerungen vieler Menschen, Erinnerungen an Jahre des Neuanfangs, des Wirtschaftswunders und derbeginnenden Reisefreiheit.

Aber auch zur großen Politik, denn Aktivitäten des Autors in der Wirtschaftspolitik führten zu einem Bundesgesetz, andere zu wichtigen Erlassen und zu Begegnung mit Bundesminister und Bundespräsident.

Die wie beiläufig beschriebenen Hintergründe sind Mosaiksteinchen in jenem Bild des Zeitgeschehens, das uns heute interessiert. Gespräche mit Prominenten, Fernsehgrößen und Stars, Freundschaften mit Emigranten, Kontakte mit Schönheitsköniginnen ergaben sich, auch mit Künstlern, Professoren und Unternehmern, Gekrönte Häupter aus der Nähe, Begegnungen mit einfachen Leuten wie einem baskischern Bauern oder einem Mädchen aus Sardinien.

Freunde berichten:

Ivo Bulanda, ein Filmemacher, hat Weltstars wie Sophia Loren für Werbefotos aufs Motorrad gesetzt und hat Porsche-Teams auf Testfahrten in aller Welt begleitet.

Jürgen Krimmel lehrte zu Gorbatschows Zeit Betriebswirtschaft für sowjetische Führungskräfte. Seine Reutlinger Wohnung

Mit Bundespräsident Köhler

wurde als „Schwabski SSR" zum Zentrum geselliger Treffen und er zu „Towarischtsch Krimmlov", der dann für weitere Lehrveranstaltungen in Russland engagiert wurde.

Jürgen Hasenmayer, der Höhlentaucher, entdeckte eine riesige Höhle unter der Schwäbischen Alb, die er den „Mörike-Dom" benannte. Später kreuzte er im U-Boot unter den Bergen.

Ann-Eliese Coerdt war langjährige Geschäftsführerin des Deutsachen Mode-Institus in Berlin. Sie kannte fast jeden aus der Branche. Persönlich.

**Als Textil in Deutschland unterging.
Ein spannendes Stück Landesgeschichte**

Diesem Roman liegt eine wahre Begebenheit zugrunde.1970 zählte die amtliche Statistik in Baden-Württemberg 207 000 Beschäftigte in der Textilindustrie. 2002 waren es noch 36 000, also 17 Prozent.

Hundertsiebzigtausend Menschen hatten ihre Arbeit verloren, das Land sein drittes Standbein neben der Auto- und Maschinenindustrie. Die mittelständischen Unternehmer waren in Not.

Weil ihre angestammte Kundschaft sich konzentriert hat auf den Vertrieb von Waren aus Billiglohnländern mit Kinderarbeit und Hungerlöhnen, versuchen die deutschen Betriebsinhaber in ihrer Verzweiflung, direkt an die Endverbraucher zu verkaufen. Die Handelsverbände laufen Sturm dagegen.

In dieser Umgebung spielt sich ein persönliches Drama ab. Nach dem Feuertod einer Unbekannten ist ein Unternehmer verhaftet worden. Für seine Versicherung steht viel auf dem Spiel. Ein Journalist recherchiert in der Modewelt und lernt viele feine Menschen kennen. Aber er trifft auch auf Industriespionage, die den Untergang beschleunigt, auf Notmaßnahmen und auf Wut und Empörung. Und auf einen Menschen, der Öl auf die Wogen gegossen hat, Öl, das jedoch nicht beruhigen konnte, weil es angezündet wurde. Der Friedensstifter wird gnadenlos boykottiert, im Sinne des Wortes, bis zum Tod von Mann und Betrieb.

Der Journalist führt viele Gespräche mit erfahrenen Insidern der Textil- und Modebranche und zeichnet ein eindrucksvolles Bild voller interessanter Einblicke in jenen einstmals großen deutschen Industriezweig.

Bei seinem ersten Erscheinen wurde das Buch in einer TV-Sendung vorgestellt: Am Donnerstag, 26.9. 2013| 18.45 Uhr **SWR Fernsehen** in Baden-Württemberg. Vor den Kameras ging die Unterhaltung um den Autor, sein Buch und die

Vorgeschichte, sowie über seine „wunderbare Frau", wie die bekannte Moderatorin Anette Krause nach der Lektüre sie gleich zu Anfang nannte. Ihr Resümee: „Das Buch liest sich wie ein spannender Spionageroman".

DER JUNGFRAUFELS

Eine fromme Sage verbindet den Felsen am Albtrauf mit einer fliehenden Jungfrau. Jemand weiß es besser – so unschuldig war das Pärchen gar nicht, das da am Fels gepurzelt ist. Hinter düsteren Sagen stecken oft in Wirklichkeit recht amüsante Geschichtchen. Wenigstens behaupten das wohlgelaunte Erzählerinnen und Erzähler. Wie die von der munteren Rittersfrau und ihrem durstigen Gemahl, oder jene vom Teufel, der zu Esslingen von Petrus persönlich hereingelegt worden sei, von frommen Zaubersprüchen und fliegenden Schafen.

Geschichtlich verbürgt ist, dass einst „Göppingische Weiber" einen Hofrat ihres Königs gefangen setzten. Rührend ist die Geschichte vom Geiger zu Gmünd und eine gewagte Rettungsaktion.

Hexenwahn zu Wiesensteig, durch den einst vierzig Frauen verbrannt worden sind, aber auch aktuelle Experimente mit berauschenden Pflanzen aus heimischen Wäldern werden beschrieben.

Der Umschlag zeigt jene Büste, die nach 805 Jahre aus einer Hohlform von Barbarossas Vorfahrin Hildegardis naturgetreu gefertigt wurde und als das besterhaltenen Antlitz eines mittelalterlichen Menschen gilt.

PERSÖNLICHKEIT TIER

„Schon immer machte es mir Freude / Zu achten auf vierfüßige Leute, / Auf die mit zwei, sechs, oder gar acht Beinen. / Oder überhaupt gar keinen." Tiere haben Ähnlichkeiten mit Menschen, ja, sie können sogar denken, weiß man heute: Es menschelt in der Tierwelt, stellen die Forscher fest. Tiere sind Persönlichkeiten. Sogar Ameisen, wie hier von einer wahren Begebenheit berichtet wird. Lustiges und Erstaunliches vom Verhalten und Handeln von Tieren bringen uns zum Nachdenken.

Zu letzteren zählt das Wettschwimmen des Autors mit einem Kormoran im novemberlich kalten Mittelmeer. Hochinteressante Presseberichte aus aller Welt ergänzen eigene Erlebnisse.

EIN SCHWÄBISCHES WÖRTERBUCH

Wir können hochdeutsch
-   und dazu auch schwäbisch

Schon mehrfach nachgedruckt, ist dieses Wörterbuch, ein wahrer Schatz für den gebildeten Genießer, wieder zu haben. Launige Erklärungen schwäbischer Ausdrücke wechseln ab mit Anekdoten und Schnurren. Im Te il „A bissele Grammatik" werden liebenswerte schwäbische Formulierungen erklärt.

Spezielle Wörter kommen von Abdackla bis ZwetschgaXälz. und auch das: „Schwaben sind all die netten Menschen zwischen dem Simplonpass und der Bergstraße, zwischen den Vogesen und dem Lech."

„Ein Wörterbuch zum Schmökern und Schmunzeln" schrieb die Südwestpresse.

Bundespräsident Köhler hat dazu geschrieben: „Das Buch wird dazu beitragen, dass Berliner und Schwaben sich besser verstehen", Bei Konrad-Theis-Verlag mehrfach aufgelegt. Erweiterte Neuauflage.in Vorbereitung.

KÜSSCHEN AM MORGEN

Reise-Erinnerungen Die Angler von Noirmoutier – Ferienschiffer - Idyll am Kanal - Das Lächeln der Madonna - Wissend lächelt die Madonna - Die Frau von Welt – Die Schwarze Sara – Der Tanz der Zigeunerin in Stes-Maries-de-la-Mer – ein kleines Mädchen und die schwarze Madonna. Ruhestörung im Aspromonte-Gebirge - Die entzückende Mademoiselle und ihr Küsschen am Morgen.

*Wer ist
Groß
-M-
Punkt?*

Geistreiche Geschichten

Da saßen sie beieinander, die Leute, die einst mit viel Humor ihre ganz eigene Sicht auf alte Sagen erzählt hatten. Interessante Sagen aus Europa machen sie jetzt zum Kern von spannenden und oft recht amüsanten Geschichten aus alter und neuer Zeit.

Von den Schwörstäben auf schwäbischen Rathäusern, von einem gespenstischen Feuer auf Burg Staufeneck, von einer nackten Lady zu Pferd ist die Rede

Aber auch von den vergeblichen Tränen der tapferen „Judith von Esslingen" wird erzählt, die zu Zeit des „Sonnenkönigs" Ludwig IVX gelebt hat und vergewaltigt wurde von des Königs General Melac, den man den Mordbrenner nannte. Und was dazu in amtlichen Akten steht.

Man liest von dem Zauberer Merlin, der geheimnisvollen Melusine, einem rebellischen Königssohn aus staufischem Geschlecht, und von einem bloßen Frauenbein, das einem wortbrüchigen Ritter den Tod ankündigt.

Es wird erzählt vom pünktlichen Tod eines verfluchten Brudermörders, von einer eingesperrten Jungfrau, die mit List erreichte, doch noch ihren Schatz zu heiraten. Und es gibt historisch belegte Berichte über starke Frauen, die in früheren Jahrhunderten in Süddeutschland bekannt waren.

Dazu eine nachdenkliche Geschichte zu einer neuen Frage: Wandert bei einer Herztransplantation[1] ein Teil der Seele mit? Ist unser Herz doch mehr als nur ein Muskel?

---

1) Das Wissenschaftsmagazin P.M. vom April 2005 titelt: „Wandert die Seele mit?" Es folgen mehrere erstaunliche Berichte über Erlebnisse von Menschen, in deren Brust das Herz eines anderen schlägt. Dazu schreibt das Magazin über wissenschaftliche Untersuchungen auf Grund dieser Beobachtungen. Die Ergebnisse sind erstaunlich, doch gerade im Zusammenhang mit den neuen Ergebnissen von Hirnforschung und Psychologie nicht überraschend.

Zeitfracht Medien GmbH
Ferdinand-Jühlke-Straße 7
99095 Erfurt, Deutschland
produktsicherheit@kolibri360.de